首都圏版㉛ 使いやすい！教えやすい！家庭学習に最適の問題集！

東京学芸大学附属
竹早小学校

2021 年度版

過去問題集

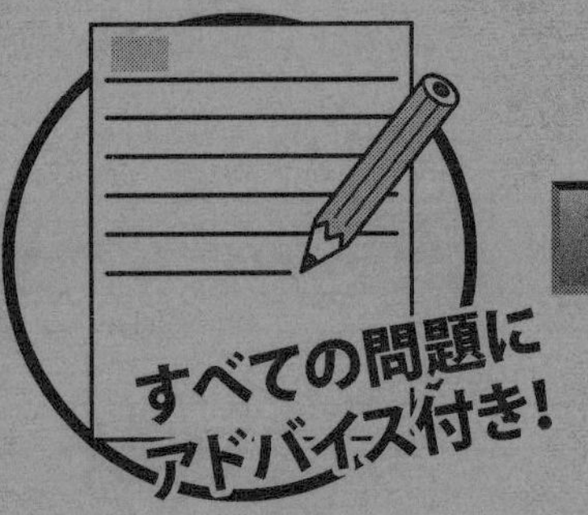

＜問題集の効果的な使い方＞

①お子さまの学習を始める前に、まずは保護者の方が「入試問題」の傾向や、どの程度難しいか把握します。もちろん、すべての「学習のポイント」にも目を通してください

②各分野の学習を先に行い、基礎学力を養いましょう！

③「力が付いてきたら」と思ったら「過去問題」にチャレンジ！

④お子さまの得意・苦手がわかったら、その分野の学習をすすめ、全体的なレベルアップを図りましょう！

合格のための問題集

東京学芸大学附属竹早小学校

行動観察	Ｊｒ・ウォッチャー29「行動観察」
常識	Ｊｒ・ウォッチャー12「日常生活」
記憶・想像	Ｊｒ・ウォッチャー21「お話作り」
口頭試問	新口頭試問・個別テスト問題集
口頭試問	新ノンペーパーテスト問題集

全40問

昨年度実施の過去問題 ＋

それ以前の特徴的な問題

を収録!!

日本学習図書 ニチガク

ニチガクの家庭学習支援

Web学習サポートサービス

こんなこと…ありませんか？

「ニチガクの問題集…買ったはいいけど、、、
この問題の教え方がわからない（汗）」

メールでお悩み解決します！

☆ホームページ内の専用フォームで必要事項を入力！
☆教え方に困っているニチガクの問題を教えてください！
☆確認終了後、具体的な指導方法をメールでご返信！
☆全国どこでも！ スマホでも！ ぜひご活用ください！

＜質問回答例＞

学習のポイント

推理分野の学習では、後の学習に活きる思考力を養うことができます。ご家庭で指導する場合にも、テクニックにたよらず、保護者の方が先に基本的な考え方を理解した上で、お子さまによく考えさせることを大切にして指導してください。

Q.「お子さまによく考えさせることを大切にして指導してください」と学習のポイントにありますが、考える習慣をつけさせるためには、具体的にどのようにしたらいいですか？

A.お子さまが考える時間を持てるように、質問の仕方と、タイミングに工夫をしてみてください。
たとえば、「答えはあっているけど、どうやってその答えを見つけたの」「答えは○○なんだけど、どうしてだと思う？」という感じです。はじめのうちは、「必ず30秒考えてから手を動かす」などのルールを決める方法もおすすめです。

まずは、ホームページへアクセスしてください!!

http://www.nichigaku.jp 日本学習図書 検索

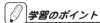

家庭学習ガイド
東京学芸大学附属竹早小学校

個別テスト　口頭試問　行動観察　運動　保護者面接

入試情報

応 募 者 数：男子 1,248 名　女子 1,163 名
出 題 形 態：ノンペーパー
面　　　　接：志願者・保護者面接
出 題 領 域：行動観察（運動、自由遊び）、口頭試問、親子活動 など

入試対策

当校の選考はノンペーパーで、例年、行動観察や口頭試問などの内容を中心として実施されています。2020 年度選考も、25 名程度の集団による運動、自由遊び、口頭試問（個別）などの問題が、約 1 時間にわたって行われました。このうち口頭試問は、「保護者・志願者に個別の質問→2 人で親子活動」という形で行われました。親子活動の内容は特別難しいものではありません。日頃のご家庭の様子や、お子さまの態度などを観ようとする内容です。過去の問題で練習して当日に臨みましょう。

● 25 名の大きな集団で行われる行動観察は、昨年と同じ自由遊びでした。集団でのコミュニケーション能力を観るための出題だと考えられます。 1 人でも遊べるコーナーが、例年必ず設置されていますが、観点から考えれば、そのコーナーでずっと遊ぶのは避けた方がよいでしょう。また、遊具の独り占めや争いは評価を大きく下げますので注意してください。

●口頭試問は、保護者とともに別室に入り、それぞれ親子ごとに行われました。これは、親子間のコミュニケーションを観点としたものです。保護者の方は、一方的な物言い（命令）にならないように、ふだんからお子さまと「会話」をするようにしてください。

必要とされる力 ベスト6

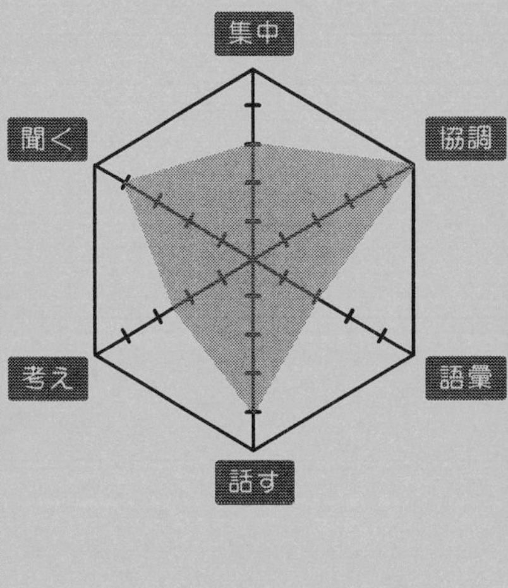

特に求められた力を集計し、左図にまとめました。
下図は各アイコンの説明です。

チャートで早わかり！

（集中・観察（協調）・聞く・考え・話す・語彙 のレーダーチャート）

	アイコンの説明
集中	集 中 力…他のことに惑わされず 1 つのことに注意を向けて取り組む力
観察	観 察 力…2 つのものの違いや詳細な部分に気付く力
聞く	聞 く 力…複雑な指示や長いお話を理解する力
考え	考える力…「～だから～だ」という思考ができる力
話す	話 す 力…自分の意志を伝え、人の意図を理解する力
語彙	語 彙 力…年齢相応の言葉を知っている力
創造	創 造 力…表現する力
公衆	公 衆 道 徳…公衆場面におけるマナー、生活知識
知識	知　　識…動植物、季節、一般常識の知識
協調	協 調 性…集団行動の中で、積極的かつ他人を思いやって行動する力

※各「力」の詳しい学習方法などは、ホームページに掲載してありますのでご覧ください。http://www.nichigaku.jp

「東京学芸大学附属竹早小学校」について

〈合格のためのアドバイス〉

当校は、東京学芸大学に４校ある附属小学校の１つで、同大学附属竹早園舎（幼稚園）、竹早中学校との連携による一貫教育を推進しています。幼稚園から中学校までの11年間の成長過程を４つのステージ、および８つのステップを区切りとして捉えており、連携したカリキュラムに基づいて指導を行っています。また、子どもの主体性を引き出す教育のあり方について研究を重ね、主体的に学び続ける人間の育成に取り組んでいます。

2020年度の選考は、前年と同様に行動観察、口頭試問といった内容で選考が行われました。「第２次選考では国立小学校特有の教育研究によるマイナスの影響を乗り越えられる資質を観ている」と学校案内にある通り、待ち時間なども含め、試験全体を通して志願者の行動が観察されています。さらに、当校の試験は「自由遊び」「集団ゲーム」「模倣体操」のように、お子さまが遊びの延長と捉えてしまいがちな内容が特徴です。このような試験では、お子さまの日常生活におけるふだんの姿がかえって出やすく、「試験の時はこうすればよい」といったその場限りの対策では不十分です。あいさつや言葉遣い、生活態度、自分の身の回りのことは自分でする力、礼儀や思いやりなどについて、お子さまの日常生活の中で習慣化していくとともに、指導にあたっては、まず保護者ご自身がお子さまにお手本を示すことを意識してください。積極的にお友だちと遊ぶ機会を作り、協調性や社会性を育むことを意識した生活を送ることも大切です。このようにして、ご家庭での躾や生活、お友だちとの遊びや外部の大人との接触を通して培われた社会性が、合否を大きく左右するからです。

当校の入試の大きな特徴である、口頭試問に親子活動を取り入れた課題は、例年同様に2020年度入試でも出題されました。これは、ふだん親子でどのような会話をし、どのように過ごしているかを観ようとしています。保護者の方は、お子さまのことを把握するために、お子さまと積極的に会話してください。

なお、当校志願者の保護者には、当校の教育姿勢および教育実施研究校としての役割に対する理解が強く求められています。面接で、保護者に対し「当校の学校案内を読んでどう思いましたか」という内容の質問がありました。答える時間が１分とかなり長いので、説明会には必ず参加し、当校の特殊性についてよく理解してください。

〈2020年度選考〉

- ●行動観察（25名程度）
  - ・運動、自由遊び
- ●面接
  - ・保護者と志願者は別々に行う。
- ●親子活動
  - ・ゲームなど

◇過去の応募状況

2020年度	男1,248名	女1,163名
2019年度	男1,258名	女1,184名
2018年度	男1,310名	女1,160名

㊢ 先輩ママたちの声！

◆実際に受験をされた方からのアドバイスです。
ぜひ参考にしてください。

東京学芸大学附属竹早小学校

・制作の課題は、ここ数年出題されていないそうです。口頭試問、行動観察のウエイトが高いと思いました。

・説明会や抽選会場では床に座ることになるので、女性はパンツスタイルの方がよいと思います。試験の待ち時間は１時間程度で、大半の方が本を読んでいました。

・上級生が手を引いて引率してくれます。トイレなども案内してくれるので、子どもも幾分緊張が和らぐと思います。

・子ども向けの本や折り紙などを用意している方も多かったようですが、子どもの待ち時間はそれほど長くないので、最低限の用意でいいと思います。

・登校時は時間厳守です。時間には余裕を持った方がよいでしょう。

・待ち時間や試験時間は短く、子どもにとって負担の少ない試験だったと思います。集団の活動では、必要な場面で声を出さない子がいたり、相談していても子ども同士で意見がまとまらず、時間が経ってしまうようなグループもあったようです。いっしょに活動する子どもたちにもかなり左右されると思いました。

・考査当日は、廊下以外は全て暖房がついているので、半袖で大丈夫でした。また、その方が元気に見えると思います。

・ほとんどの方が紺のスーツでしたが、私立とは違う雰囲気が漂っていました。服装には必要以上に神経質にならなくてもいいように感じます。

・ペーパーテストを行う学校ではないので、先生との個別対応が重要だと感じました。特に会話力はとても大切だと思います。

東京学芸大学附属
竹早小学校

過去問題集

〈はじめに〉

現在、少子化が叫ばれているにもかかわらず、私立・国立小学校の入学試験には一定の応募者があります。入試は、ただやみくもに学習するだけでは成果を得ることはできません。志望校の過去における出題傾向を研究・把握した上で、練習を進めていくこと、その上で試験までに志願者の不得意分野を克服していくことが必須条件です。そこで、本問題集は小学校を受験される方々に、志望校の出題傾向をより詳しく知って頂くために、過去に遡り出題頻度の高い問題を結集いたしました。最新のデータを含む精選された過去問題集で実力をお付けください。

また、志望校の選択には弊社発行の「2021年度版　首都圏・東日本　国立・私立小学校　進学のてびき」をぜひ参考になさってください。

〈本書ご使用方法〉

◆出題者は出題前に一度問題を通読し、出題内容などを把握した上で、〈準　備〉の欄に表記してあるものを用意してから始めてください。

◆お子さまに絵の頁を渡し、出題者が問題文を読む形式で出題してください。問題を読んだ後で、絵の頁を渡す問題もありますのでご注意ください。

◆「分野」は、問題の分野を表しています。弊社の問題集の分野に対応していますので、復習の際の目安にお役立てください。

◆問題番号右端のアイコンは、各問題に必要な力を表しています。詳しくは、アドバイス頁（ピンク色の１枚目下部）をご覧ください。

◆一部の描画や工作、常識等の問題については、解答が省略されているものがあります。お子さまの答えが成り立つか、出題者が各自でご判断ください。

◆〈時　間〉につきましては、目安とお考えください。

◆解答右端の［○年度］は、問題の出題年度です。［2020年度］は、「2019年の秋から冬にかけて行われた2020年度入学志望者向けの考査で出題された問題」という意味です。

◆学習のポイントは、指導の際にご参考にしてください。

◆【おすすめ問題集】は各問題の基礎力養成や実力アップにご使用ください。

〈本書ご使用にあたっての注意点〉

◆文中に **この問題の絵は縦に使用してください。** と記載してある問題の絵は縦にしてお使いください。

◆〈準　備〉の欄で、クレヨンと表記してある場合は12色程度のものを、画用紙と表記してある場合は白い画用紙をご用意ください。

◆文中に **この問題の絵はありません。** と記載してある問題には絵の頁がありませんので、ご注意ください。なお、問題の絵の右上にある番号が連番でなくても、中央下の頁番号が連番の場合は落丁ではありません。

下記一覧表の●が付いている問題は絵がありません。

問題１	問題２	問題３	問題４	問題５	問題６	問題７	問題８	問題９	問題10
●	●	●		●		●	●		
問題11	問題12	問題13	問題14	問題15	問題16	問題17	問題18	問題19	問題20
		●			●	●			●
問題21	問題22	問題23	問題24	問題25	問題26	問題27	問題28	問題29	問題30
●		●					●		
問題31	問題32	問題33	問題34	問題35	問題36	問題37	問題38	問題39	問題40
●	●				●				●

◎学習効果を上げるため、前掲の「家庭学習ガイド」及び「合格のためのアドバイス」をお読みになり、各校が実施する入試の出題傾向を、よく把握した上で問題に取り組んでください。
※冒頭の「本書ご使用方法」「ご使用にあたっての注意点」も併せてご覧ください。

2020年度の最新問題

問題1　分野：行動観察

聞く　協調

〈準　備〉　なし

〈問　題〉　この問題の絵はありません。
※ビブスの色ごとに5人1組のチームを4つ作る。
①グループごとに輪になってください。
②先生に最初に指名された人は何でもよいので動物の名前を言ってください。
③その言葉の音の数だけ、輪になったまま回ってください。
④今度は最初に言った人の右隣の人が、何でもよいので動物の名前を言ってください。
⑤その言葉の音の数だけ、輪になったまま回ってください。
（④⑤を数回繰り返す）

〈時　間〉　10分程度

〈解　答〉　省略

［2020年度出題］

学習のポイント

自由遊びとは別の行動観察の課題です。ここ数年は5人グループへの課題という形で行われています。内容はゲーム、共同制作などさまざまですが、観点は協調性の有無という点のみといってよいでしょう。指示は簡単なものが多く、ほとんどのお子さまは戸惑うようなものではありませんから、子どもらしく楽しめばそれでよいのです。では、悪い評価を得るのはどのような行動・姿勢なのでしょうか。仮に評価する立場になって想像すればわかると思いますが、①指示を理解できない、守らない　②消極的である　③ほかの志願者への配慮がない、といったあたりでしょう。競争の結果や制作物の出来などはどうでもよい、とは言いませんが、重要視されません。お子さまにアドバイスをするなら、そのあたりのことを踏まえてアドバイスをしてください。「がんばれ」ではなく、「ふだんどおりにしなさい」でよいと思います。

【おすすめ問題集】
新口頭試問・個別テスト問題集、Ｊｒ・ウォッチャー29「行動観察」

問題2　分野：自由遊び

聞く

〈準 備〉　ビブス、玉入れの玉、カゴ、平均台、段ボール箱で作った列車（2台）、積み木（2セット）、おままごとの道具（一式）

〈問 題〉　この問題の絵はありません。

※この課題は、20名程度のグループでおこなう。はじめに、上級生たちによる遊び方の説明がある。

「ボウリング」…ペットボトルを10本立て、ゴムボールでボウリング。
「ドンジャンケン」…平均台を渡り、反対側から来た子と出会ったらジャンケンをする。負けた方は、平均台を降りて列に戻る。
「積み木」①…積み木を使って「城」を作る。
「積み木」②…①よりは大きな積み木を使って「街」を作る。

ここにあるものを使ってお友だちと仲良く遊んでください。終わりの合図があったら、遊びをやめてください。

〈時 間〉　20分程度

〈解 答〉　省略

［2020年度出題］

学習のポイント

自由遊びの課題です。例年、この課題を行う前には図書室で待機するのですが、今回は「静かに待機するように」と指示があったようです（以前はありませんでした）。行動観察ですから、観点は指示の理解・実行と協調性ということになります。その意味ではこの待機の様子も確実に評価の対象になっているので、お子さまにも注意するように言っておきましょう。また、この自由遊びということでの注意点は、ほかのお子さまへの配慮です。積極的なのはよいですが、そのせいで人の遊びを邪魔したり、自分ばかり遊んでしまうことがないようにしてください。中には自己主張が苦手というお子さまもいます。そういったお子さまの邪魔をしていると思われてはよい評価は得られません。

【おすすめ問題集】

新口頭試問・個別テスト問題集、Ｊｒ・ウォッチャー29「行動観察」

家庭学習のコツ①　「先輩ママのアドバイス」を読みましょう！

本書冒頭の「先輩ママのアドバイス」には、実際に試験を経験された方の貴重なお話が掲載されています。対策学習への取り組み方だけでなく、試験場の雰囲気や会場での過ごし方、お子さまの健康管理、家庭学習の方法など、さまざまなことがらについてのアドバイスもあります。先輩ママの体験談、アドバイスに学び、ステップアップを図りましょう！

問題3　分野：面接

聞く

〈準 備〉　なし

〈問 題〉　この問題の絵はありません。
これからする質問に答えてください。

（志願者へ）
・名前を教えてください。
・今日は誰と来ましたか。
・保護者の方と何をして遊ぶのが好きですか。
・電車・バス・飛行機に乗った時、どのようすればよいと思いますか。
・お友だちと喧嘩した時どのようにするか。

（保護者へ）
・学校案内は読まれましたか。
・教育実習校についてどのように思いますか。
・国立小は研究校ですが、カリキュラムなどはお読みになりましたか。
・幼稚園でお子さまはどんなところをほめられますか。
・お子さまが好きなことは何ですか。

〈時 間〉　適宜

〈解 答〉　省略

［2020年度出題］

学習のポイント

面接の流れは①親子がそろって教室へ入る　②パーテーションで区切ったそれぞれの席へ分かれ、親子が別々に面接を受ける　③親子活動へ向かう　という形になります。面接時間は３～５分と短く、それほど突っ込んだ内容の質問はありません。本年度の特徴としては、お子さまにマナーなど、常識についての質問があったことでしょうか。ただし、それほど難しい内容ではないので、特別な準備は必要ないでしょう。保護者への質問は、例年同様「国立小学校の教育への理解」と「お子さまに関すること」の２点についてです。こちらも特に準備は必要ありません。面接時間が短いので事実を端的に話せばよいでしょう。

【おすすめ問題集】
面接テスト問題集、面接最強マニュアル

家庭学習のコツ②　「家庭学習ガイド」はママの味方！

問題演習を始める前に、試験の概要をまとめた「家庭学習ガイド（本書カラーページに掲載）」を読みましょう。「家庭学習ガイド」には、応募者数や試験科目の詳細のほか、学習を進める上で重要な情報が掲載されています。それらの情報で入試の傾向をつかみ、学習の方針を立ててから、対策学習を始めてください。

問題4　分野：親子活動（行動観察）【男子】

聞く

〈準 備〉　問題４の絵を、太線に沿って切り離し、動物のカードを作っておく。

〈問 題〉　①（カードをテーブルに伏せて置き、志願者に）お父さん（お母さん）に見えないように好きな動物のカードを１枚選んで、私に見せてください。
②その動物の特徴を２つ言うか、真似をしてください。
③（保護者に）答えは何ですか。
※立場を入れ替えて、①～③をもう一度行う。

〈時 間〉　５分程度

〈解 答〉　省略

［2020年度出題］

学習のポイント

当校で出題される「親子活動」は、家庭環境・教育環境を親子の会話の様子から探ろうという趣旨です。具体的に言えば「会話のある家庭か」ということです。動物についての常識もあった方がよいでしょうが、それについてチェックしようということではありません。こうした課題で保護者の方が緊張するとお子さまにもそれが伝わるので、保護者の方はふだんどおりの接し方をしてください。面接でもそうですが、当校入試ではマナーがどうこうといったことはあまり言われません。親子でにこやかにテンポよくコミュニケーションできれば悪い評価にはならないでしょう。なお、答えがあっていれば「よくできました」という花の形のシールがもらえるそうです。お子さまのやる気を引きだそうという工夫かもしれません。

【おすすめ問題集】
新口頭試問・個別テスト問題集、Ｊｒ・ウォッチャー29「行動観察」

問題5　分野：親子活動（女子）

聞く　協調

〈準 備〉　折り紙、鉛筆、ペットボトル、ペットボトルのふた（適宜）
※以上のものを机の上に並べておく。

〈問 題〉　この問題の絵はありません。
ここにあるものを使ってゲームをしてください。

〈時 間〉　５分程度

〈解 答〉　省略

［2020年度出題］

学習のポイント

女子の親子活動も、男子とほぼ同じ趣旨のものですが、自由度が高いので返って難しいかもしれません。正解というものはないので、親子でコミュニケーションをとってゲームを考えましょう。その時の注意事項としては、保護者の方はできるだけ「聞き役」に回ること。お子さまが萎縮しないように余程のことがなければ、お子さまの提案に意見したり、疑問を差し挟んだりしないにしましょう。こうしたものはその方がうまくいくはずです。ただし、お子さまの考えが行き詰まったり、解答時間内にアイデアが出ないようなら早めに助け舟を出してください。答えが出ないという結果も防ぐと同時に、コミュニケーションが取れている印象を与えることにもなります。

【おすすめ問題集】

新口頭試問・個別テスト問題集、Ｊｒ・ウォッチャー29「行動観察」

2019年度以前の過去問題

問題6　分野：行動観察

聞く　協調

〈準備〉　ビブス、フラフープ（４本）、スポンジボール（４色、各20個程度）

〈問題〉　（ビブスの色ごとに５人１組のチームを４つ作る）
これから、雪合戦をします。相手チームのフープの中に、ボールを投げて入れてください。「やめ」の合図があった時に、相手チームのフープにたくさんボールが入っていたチームが勝ちです。

〈時間〉　10分程度

〈解答〉　省略

［2019年度出題］

学習のポイント

当校で例年出題されている行動観察では、５人程度の集団を作って活動をする課題があります。その内容は、チームを組んだお友だちと協力して１つの作業を行うものや、チーム対抗で競うものなどさまざまです。本年度は、男女ともにチーム対抗の雪合戦が行われました。ゲームを始める前に、５年生からルールの説明を受け、それから競技を開始するという流れで進められました。このような課題では、小学校進学に際して、年齢相応のコミュニケーションが取れるかどうかということが主に観られています。例えば、５年生の説明をしっかりと聞き取って理解できるか、はじめて会うお友だちと仲良くできるか、チームの仲間と協力できるかといった点です。これらのことは、日常生活の中ではすでにできているかもしれませんが、試験会場という少し変わった場所でもできなければいけません。参加者全員が緊張してしまい、黙ったまま課題が進められるということを避けましょう。できるだけよい状態で課題に取り組むためにも、チームのメンバーに「がんばろうね」など、きっかけとなる言葉をかけるとよいかもしれません。

【おすすめ問題集】
新口頭試問・個別テスト問題集、Ｊｒ・ウォッチャー29「行動観察」

問題7　分野：自由遊び

聞く

〈準備〉　ビブス、玉入れの玉、カゴ、平均台、段ボール箱で作った列車（２台）、積み木（２セット）、おままごとの道具（一式）

〈問題〉　この問題の絵はありません。

（この課題は、20名程度のグループでおこなう。はじめに、上級生たちによる遊び方の説明がある。

「玉入れ」…カゴめがけてボールを投げ入れる。
「ドーンジャンケン」…平均台を渡り、反対側から来た子と出会ったらジャンケンをする。負けた方は、平均台を降りて列に戻る。
「電車遊び」…段ボールの列車に乗って、駅まで進む。
「積み木」…積み木を使って、自由に形を作る。
「おままごと」…用意された道具で、自由におままごとをする。

ここにあるものを使ってお友だちと仲良く遊んでください。終わりの合図があったら、遊びをやめてください。

〈時間〉　20分程度

〈解答〉　省略

[2019年度出題]

学習のポイント

例年行われている自由遊びの課題です。本課題の前には、上級生のお手本を見て、同じ動きをする模倣体操が行われました。また、模倣体操の後、在校生がそれぞれの遊具の遊び方の説明をします。このように、当校の試験では、さまざまな場面で上級生（おもに５年生）が協力してくれています。課題の内容やルールは、前年までとほぼ同様です。特定の遊びに人気が集中し、自分がやりたいと思った遊びができないかもしれません。つまり、遊びを選ぶ際の、ほかのお友だちとのやりとりも評価の対象となっているのです。だからといって、お子さまに譲り合いの姿勢を見せることを求めているわけではありません。大切なのはお友だちと仲良く遊べるかどうかということです。はじめて会うお友だちであっても、「いっしょに遊ぼうよ」と言えれば、その先はスムーズに遊べるものです。

【おすすめ問題集】
新口頭試問・個別テスト問題集、Ｊｒ・ウォッチャー29「行動観察」

問題8　分野：面接

聞く

〈準備〉　なし

〈問題〉　この問題の絵はありません。
これからする質問に答えてください。

（志願者へ）
・名前を教えてください。
・今日は誰と来ましたか。
・保護者の方と、何をして遊ぶのが好きですか。
・この試験が終わって家に帰ったら、どんな遊びをしますか。
・今度の日曜日、どこへ行きたいですか。

（保護者へ）
・学校案内は読まれましたか。
・教育実習生が来ることは理解していますか。
・国立小は研究校ですが、カリキュラムなどはお読みになりましたか。
・家族で過ごす中で、楽しいことはどんなことだとお子さまは思っていますか。
・今度の日曜日、どこへ行きたいですか。

〈時間〉　適宜

〈解答〉　省略

［2019年度出題］

学習のポイント

当校の面接では、はじめに親子がそろって教室へ入り、入り口で志願者に質問（名前、誰と来たかといった内容）されます。その後、パーテーションで区切ったそれぞれの席へ分かれ、親子が別々に面接を受けます。志願者は簡単な質問を受けた後、親子活動の説明を受け、保護者は面接終了後に志願者と合流し、親子活動へと進みます。保護者への質問は、「国立小学校の教育への理解」と「お子さまに関すること」の２点を中心に進められ、回答を踏まえて詳しい質問をされることはありません。本年の質問で特徴的なのは、志願者と保護者の両方に同じ質問をしていることです。これも「お子さまに関すること」の質問の１つで、保護者が志願者の考え方や好みを、どの程度把握しているのかを観る質問と言えるでしょう。お子さまは日常生活の中でどんなことを思い、どんなことに興味を持っているのかなどは、あらかじめ把握しておいてください。

【おすすめ問題集】
面接テスト問題集、面接最強マニュアル

家庭学習のコツ③　効果的な学習方法～問題集を通読する

過去問題集を始めるにあたり、いきなり問題に取り組んではいませんか？　それでは本書を有効活用しているとは言えません。まず、保護者の方が、すべてを一通り読み、当校の傾向、ポイント、問題のアドバイスを頭に入れてください。そうすることにより、保護者の方の指導力がアップします。また、日常生活のさまざまなことから、保護者の方自身が「作問」することができるようになっていきます。

問題９　分野：親子活動（男子）

聞く　協調

〈準　備〉　問題９の絵を、中央の太線で切り離しておく。

〈問　題〉　（志願者に）
ここにある２枚の絵を使ってお話を作ってください。
（親子に）
では、親子で相談しながら、お話の続きを作ってください。

〈時　間〉　５分程度

〈解　答〉　省略

[2019年度出題]

学習のポイント

本年度の親子活動の課題は、男女ともにお話作りでした。この課題では、親子間で意思の疎通が充分にできているかを中心に、課題への積極性、お話の内容、お子さまの表情など、さまざまな点が観られています。席を離して面接を受けていた直後の課題ですので、親子が合流した時に、気持ちが緩んでしまわないように気を付けましょう。大まかな流れは、保護者面接が行われている間に、志願者が課題の説明を受けて先にお話を作ります。面接終了後に志願者が保護者に課題の説明をしてから、親子で続きのお話作りに取り組むというものです。本問のポイントは、志願者が保護者に課題内容を説明するところです。例えば、試験官の前で、どのような言葉遣いで保護者に話すのか、志願者の説明がよくわからなかった時、保護者はどうするのかといったあたりは、あらかじめ親子で相談をしておくとよいでしょう。

【おすすめ問題集】
新口頭試問・個別テスト問題集、Ｊｒ・ウォッチャー21「お話作り」、
29「行動観察」

問題10　分野：親子活動（女子）

聞く　協調

〈準　備〉　問題10の絵を、中央の太線で切り離しておく。

〈問　題〉　（志願者に）
ここにある２枚の絵を使ってお話を作ってください。
（親子に）
では、親子で相談しながら、お話の続きを作ってください。

〈時　間〉　５分程度

〈解　答〉　省略

[2019年度出題]

学習のポイント

女子の親子課題も、男子とほぼ同じ内容でした。用意された絵にも大きな違いはありません。１枚目の絵でお話の場面や流れを説明し、２枚目の絵に描かれれている出来事をきっかけに、お話を展開させていきます。この課題では、保護者面接の間に志願者が先にお話を作っており、面接終了後にここまでのお話を聞き取って、いっしょに続きを考えることになります。この時に、どのように課題を進めていくのかが、評価のポイントになります。課題の進め方にはさまざまなパターンがあると思いますが、志願者主体でお話が展開していくように、保護者の方が自然なリードをしていくとよいでしょう。そのためには、保護者の方が志願者の話を聞く時に、「ゾウさんは○○するんだね。ウサギさんはどうするの」などのように、オウム返しに確認しながら、次の展開へと導いていく方法がおすすめです。

【おすすめ問題集】
新口頭試問・個別テスト問題集、Ｊｒ・ウォッチャー21「お話作り」、
29「行動観察」

問題11　分野：行動観察【男子】

聞く　協調

〈準　備〉　ビブス、15～20cm程度の長さの筒（トイレットペーパーの芯など）10本程度、３ｍ程度の長さの曲線を書いた紙を床に敷いておく。

〈問　題〉　（ビブスの色ごとに５人１組のグループに分かれ）
グループのお友だちと一緒に、床に書かれた線に沿って筒を並べてください。

〈時　間〉　20分程度

〈解　答〉　省略

［2018年度出題］

学習のポイント

例年出題されている、集団で行う行動観察です。５人程度のグル－プに分かれ、そのグル－プごとに課題に取り組みます。これまでは積み木やスポンジブロックなどを積み重ねるという課題が多く出題されていましたが、本年度は棒を立てて並べるという課題でした。簡単に見える作業ですが、指示を聞き取り、理解できているか。初めて会うお友だちとコミュニケーションを取り、トラブルなく作業を進めることできるか。最後まで作業を行えるか。こういったポイントを意識して指導してください。指示の聞き取りは、日頃のお手伝いの時に、指示を復唱させるとよいでしょう。さらに、指示のあと、どのように作業を進めるつもりかも聞けば、指示の内容について考え、自分なりの理解を深めることにつながります。また、コミュニケーションを取りながらの作業については、ふだんの生活の中で、お子さまがお友だちと遊んでいる時の行動を注意して見ておき、問題があれば正していくことをくり返して身に付けていきましょう。

【おすすめ問題集】
新口頭試問・個別テスト問題集、Ｊｒ・ウォッチャー29「行動観察」

問題12　分野：行動観察（自由あそび）　聞く

〈準備〉　あらかじめ、問題12の絵を参考にして遊具を準備する。

〈問題〉　**この問題は絵を参考にしてください。**

（この問題は20人程度のグループで行う。初めに、上級生たちによる遊び方の説明がある）

「海賊船」
…ダンボールで作った海賊船に通した棒を２人で持ち、移動させる。
「カバにエサやり」
…ダンボールで作った大小２種類のカバの口の中に置かれたカゴに向かってボールを投げる。
「魚釣り」
…Ｓ字フックの付いた釣り竿で、魚のおもちゃを釣り上げる。
「おままごと」
…魚釣りで釣った魚を焼いて食べる。試験会場内に、果物（リンゴ、オレンジ）の木もあり、それになっている果物を採って、料理の材料に使ってもよい。

ここにあるものを使ってお友だちと仲良く遊んでください。ただし、１つの遊び道具で一緒に遊べるのは４人までです。私が「はい、終わりです」と言ったら、遊びをやめてください。
（20分後）
はい、終わりです。後片付けをしましょう。

〈時間〉　20分

〈解答〉　省略

［2018年度出題］

学習のポイント

自由遊びの課題です。例年は男女で多少内容が異なっていましたが、本年は男女とも同じ内容で行われました。今回の課題では、１つの遊びに１度に４人まで、というルールがあり、それぞれが好きな遊びに入れないかもしれません。そのような時にどうするか、逆に、好きな遊びに入れないお友だちを見かけた時、どのような行動をするかといった点も評価の対象でしょう。お友だちとのコミュニケーションは、日常の生活で身に付いているかもしれませんが、心配ならば保護者の方が、念のためお子さまのふだんの遊びの様子を観察してください。お子さまの情操面の発達程度がわかるかもしれません。もし、自己主張が強く、他人を押しのける傾向が見られたならば、自分がそうされたらどのような気持ちになるかを想像させ、改めるように指導していきましょう。

【おすすめ問題集】
新口頭試問・個別テスト問題集、Ｊｒ・ウォッチャー29「行動観察」

問題13　分野：面接（志願者・保護者）

聞く

〈準備〉　パーテーション

〈問題〉　この問題の絵はありません。
これからする質問に答えてください。

（志願者へ）
・名前を教えてください。
・今日は誰とここへ来ましたか。
・小学校に入ったら何をしたいですか。
（質問が終わったら、パーテーションで区切られた反対側のスペースに行く）
（保護者へ）
・当校の志望動機を教えてください。
・学校案内を読まれましたか。
・お子さまにとってのマイナス面も書かれていたと思いますが、それについてどうお考えですか。
・お子さまが熱中していることは何ですか。
・お子さまの、将来の夢は何ですか。
・お子さまに将来何になってほしいとお考えですか。

〈時間〉　適宜

〈解答〉　省略

［2018年度出題］

学習のポイント

親子が別々に質問を受ける面接です。まず初めに志願者が質問され、それが終わると志願者はパーテーションの向こうへ移り、親子活動の準備をします。志願者が移動したあと、保護者への質問が行われます。保護者への質問は、大まかに言えば、「お子さまについて」と「当校の教育への理解」の２点です。お子さまの特徴や現状についてどのように考えているか。そして、当校が児童を教育するだけでなく、同時に教師の育成も行うというシステムへの理解と、それについての考えを聞かれます。当校が行う教育について納得してから志願するため、当校の教育理念について直接聞ける説明会には積極的に参加しましょう。また、学校案内、募集要項だけでなく、学校のホームページなども熟読し、当校がどのような理念を掲げ、どのような教育を行なっているかを理解し、それに対するご家庭の方針を改めて話し合っておいてください。

【おすすめ問題集】
面接テスト問題集、面接最強マニュアル

問題14　分野：親子活動（行動観察）【男子】

聞く

〈準 備〉　問題14－１の絵を、太線に沿って切り離し、動物のカードを作っておく

〈問 題〉　（問題14－２の絵を見せ）
好きな動物のカードを１枚選んでください。保護者の方も１枚選んでください。この絵と、選んだカードを使って、保護者の方と相談しながら、自由にお話を作ってください。

〈時 間〉　20分程度

〈解 答〉　省略

［2018年度出題］

学習のポイント

男子に出題されたお話づくりの問題です。お話の出来とともに、親子の意思疎通が自然にできているかが観られます。言い換えれば、当校の掲げる「自己肯定感を育てる教育」を、家庭でも行い、親子関係が良好に築けていけるかという点をチェックしているということになります。この課題は面接の直後に行われます。流れとしては、お子さまが先に移動し、テスターから説明を受け、その後、面接を終えた保護者の方にルールを説明し、それに従って、親子でお話を作るという流れです。この時、まずはお子さまの説明を聞き、絵やカードの使い方などわからないところ、あいまいな部分は改めて確認しましょう。こうした質問で、忘れていた部分、説明が足りなかった部分などをお子さまが思い出すこともあります。このように聞くのは、保護者様が率先して話を進めたり、お子さまの意見を否定するようだと、親子間のコミュニケーションがうまく取れていないと観られるからで、お子さまのお話のイメージを汲み取って、実際に話せる形になるまで助言はしっかりとしてあげましょう。なお、お話に関しては、大体「だれが」「どこで」「何をした」というポイントを意識して、１度か２度の場面転換を入れ、登場人物の台詞などを考えれば楽しいお話になるでしょう。

【おすすめ問題集】
新口頭試問・個別テスト問題集、Ｊｒ・ウォッチャー29「行動観察」

問題15　分野：親子活動（行動観察）【女子】

聞く

〈準 備〉　問題15の絵を、太線に沿って切り離し、動物のカードを作っておく

〈問 題〉　（切り取った問題15のイラストを、机の上に裏返して置く）
①これからものまねゲームをします。私（出題者）がカードを１枚選びます。そのカードの表側の絵を、私に見えないように確かめてください。
②カードの絵に描かれたものを、体を使って表現してください。ただし、鳴き声や音を口で言ってはいけません。私が当てることができれば正解です。正解の時は、ハイタッチをしましょう。
③それでは、今覚えたゲームを、今度は保護者の方に教えて、一緒にやってみてください。

〈時 間〉　20分程度

〈解 答〉　省略

［2018年度出題］

学習のポイント

女子に出題された課題です。男子の課題と同じく、本問でも、親子の意思疎通が取れているか、子育ての中でどのような親子関係が築かれているかを観られます。当校は、その教育の中で、家庭との連携を強く求めています。そうした点からも、良好な家庭環境・親子関係は重視されます。付け焼き刃の入試対策ではなく、日頃からの積み重ねにより、信頼関係を築いておくことが必要です。そのためには、保護者様の方からお子さまに思いを語るばかりでなく、お子さまの話も聞いてください。お子さまの気持ちを理解した上で、わからないこと・できないことを克服するにはどうすればよいかを一緒に考えましょう。同時に、出来たこと・わかったことを褒めてあげる、ということを心がけてください。親子の間で話しやすい雰囲気が作られ、お子さまが安心して相談することができますし、そうした相談が、人と話をするという訓練にもなります。また、カードを使ったものまねゲームは当校入試で頻出しています。内容はさほど難しくありませんが、常識として動物の特徴などは理解しておいてください。身近な動物や、本問に出てきた動物（フクロウ・ハトなど）などは、鳴き声以外の特徴も確認しておきましょう。

【おすすめ問題集】
新口頭試問・個別テスト問題集、Ｊｒ・ウォッチャー29「行動観察」

問題16　分野：行動観察【男子】

聞く

〈準備〉　ブロック（30cm四方程度の大きさ、立方体や円柱などさまざまな形のものを20個ほど用意する。それぞれのブロックには赤・青・黄のいずれかのテープを貼っておく）
ゼッケン（赤・青・黄の３色。人数分）

〈問題〉　この問題の絵はありません。
（この問題は20人程度のグループで行う。準備したブロックは床に置いておく）
①まずは３つのチームに分かれてください。分かれたら、私がゼッケンを渡します。ゼッケンの色が皆さんのチームです。
②床に置いてあるブロックを、できるだけ高く積んでください。ただし、使っていいのは自分のチームの色と同じテープが貼ってあるブロックだけです。

〈時間〉　20分程度

〈解答〉　省略

［2017年度出題］

学習のポイント

当校の試験の特徴として、ペーパーテストは行われず、多人数のグループで取り組む課題を通してお子さまの適性を観ていくという点が挙げられます。そのため、お子さまが集団生活に適応できるかどうかが、試験全体における大きなポイントとなっています。25人程度という人数の多いグループですから、日頃、お友だちと遊ぶ時とは、感覚も違ってくるでしょう。多人数での遊びに戸惑ってしまうお子さまもいるかもしれません。よく知っているお友だちと遊ぶだけでなく、知らない環境やお友だちの中でも、気後れすることなく遊べるようにしておきたいものです。そのためには、休日に家族で出かけたり、公園などで新しいお友だちと遊んで、さまざまな環境に慣れるのがよいでしょう。

【おすすめ問題集】
新口頭試問・個別テスト問題集、Ｊｒ・ウォッチャー29「行動観察」

問題17　分野：行動観察【女子】

聞く

〈準備〉　ブロック（30cm四方程度の大きさ、立方体や円柱などさまざまな形のものを20個ほど用意する。それぞれのブロックには赤・青・黄のいずれかのテープを貼っておく）
ゼッケン（赤・青・黄の３色。人数分）

〈問題〉　この問題の絵はありません。
（この問題は20人程度のグループで行う。問題を始める前に２チームに分かれる）
これからドンジャンケンをします。
①平均台の端からスタートして、反対側から来たお友だちと出会ったら、ジャンケンをしてください。
②勝った人はそのまま進み、負けた人はその場所から平均台を降りてください。お友だちが降りたチームは、次の人がスタートしてください。
③先に平均台の反対側まで行ったチームが勝ちです。

〈時間〉　20分程度

〈解答〉　省略

［2017年度出題］

学習のポイント

遊びを通した行動観察の問題では、ゲームや遊びの勝ち負けが評価のすべてではないと考えられます。むしろ、勝敗を決める遊びの時に、お子さまがどのような行動をとるか観られていると考えたほうがよいでしょう。普段は大人しいお子さまでも、場合によっては、初めて来た場所で、知らないお友だちと一緒に遊ぶという環境に戸惑ってしまい、思わぬ行動を取ってしまうかもしれません。お子さまが大勢の中でどのような行動をとるのかあらかじめ知っておくためにも、大勢のお友だちと一緒に遊べる機会を用意してあげてください。その際、無理に目立とうとしたり、リーダーシップをとる必要はありません。ルールを守って子供らしく楽しく遊ぶことができれば十分でしょう。

【おすすめ問題集】
新口頭試問・個別テスト問題集、Ｊｒ・ウォッチャー29「行動観察」

問題18　分野：自由遊び【男子】　協調

〈準　備〉　あらかじめ、問題18の絵を参考にして遊具を準備する。

〈問　題〉　**この問題は絵を参考にしてください。**
（この問題は20人程度のグループで行う。初めに、上級生たちによる遊び方の説明がある）

「トントン相撲」…紙を折り曲げてお相撲さんを作り、箱の上に置いて箱を叩いて遊ぶ。先に箱から落ちるか、倒れたほうが負け。
「的当て」…壁に貼った的にボールを投げる。
「輪投げ」…棒に向かって輪を投げ、ひっかける。
「平均台」…平均台を使って遊ぶ。
「電車遊び」…何人かでロープの中に入って、電車のように進む。

ここにあるものを使ってお友だちと仲良く遊んでください。ただし、１つの遊び道具で一緒に遊べるのは４人までです。私が「はい、終わりです」と言ったら、遊びをやめてください。
（20分後）
はい、終わりです。後片付けをしましょう。

〈時　間〉　20分

〈解　答〉　省略

［2017年度出題］

家庭学習のコツ④　効果的な学習方法～お子さまの今の実力を知る

１年分の問題を解き終えた後、「家庭学習ガイド」に掲載されているレーダーチャートを参考に、目標への到達度をはかってみましょう。また、あわせてお子さまの得意・不得意の見きわめも行ってください。苦手な分野の対策にあたっては、お子さまに無理をさせず、理解度に合わせて学習するとよいでしょう。

学習のポイント

男女ともに、多人数での行動観察が終わった後に、いくつかの遊び道具を使った自由遊びを行います。ここ数年行われている課題で、遊びの内容は毎年変わりますが、それほど複雑なルールや、珍しい遊びが出ることはありません。知らない遊びがあったとしても、上級生のお手本を見ることができますから、しっかり観て覚えればよいでしょう。注意しておきたいのは、「1つの遊び道具で一緒に遊べるのは4人まで」というルールです。自分の遊びたい遊具が、既にほかのお友だちでいっぱいになってしまっている場合、どうしたらよいかを親子で考えてみてください。無理に割り込むのではなく、ほかの遊具で遊びながら待ったり、遊んでいるお友だちに話しかけて、終わったら交代してもらう約束ができたりするのが理想的です。

【おすすめ問題集】
新口頭試問・個別テスト問題集、Ｊｒ・ウォッチャー29「行動観察」

問題19　分野：自由遊び【女子】

協調

〈準備〉　あらかじめ、問題19の絵を参考にして遊具を準備する。

〈問題〉　この問題は絵を参考にしてください。
（この問題は20人程度のグループで行う。初めに、上級生たちによる遊び方の説明がある）

「トントン相撲」…紙を折り曲げてお相撲さんを作り、箱の上に置いて箱を叩いて遊ぶ。先に箱から落ちるか、倒れたほうが負け。
「一本橋じゃんけん」…平均台を渡り、反対側の子と出会ったらじゃんけん。負けた方は橋を降りる。
「おままごと」…遊び道具を使って仲良く遊ぶ。
「ブロック積み」…トイレットペーパーのロールをどれだけ高く積めるか競争する。
「ボーリング」…ペットボトルをピンに見立てて、ボーリングを行う。

ここにあるものを使ってお友だちと仲良く遊んでください。ただし、１つの遊び道具で一緒に遊べるのは４人までです。私が「はい、終わりです」と言ったら、遊びをやめてください。
（20分後）
はい、終わりです。後片付けをしましょう。

〈時間〉　20分

〈解答〉　省略

［2017年度出題］

学習のポイント

自由遊びの課題は、男女や試験開始時間によって違う遊具が出されることが多いのですが、課題の流れや観点は変わりません。前の問題と同様に、ルール通りに遊んでいるかどうかが観られていると考えられます。遊具で遊ぶ時は、１人で遊ぶのはあまりよい印象を持たれません。同じ遊具で遊んでいるお友だちと仲良く遊べるよう、日頃から多人数で遊ぶ機会を用意してあげてください。また、入学試験の場だからといって、必要以上にアピールをしたり、目立った行動を取ろうと考えすぎるのはよくありません。かえって悪目立ちしてしまう場合もあります。リーダーシップを取るだけでなく、ルールを守らないお友だちとケンカにならないように注意したり、遊び方のわからないお友だちに教えてあげるのも、協調性や社交性を見せる機会になりますが、性格的にこうした行動がなかなか取れないお子さまも少なくないと思います。お子さまにあった方法で、自由遊びの課題を楽しむことを心がけてください。

【おすすめ問題集】

新口頭試問・個別テスト問題集、Ｊｒ・ウォッチャー29「行動観察」

問題20　分野：面接

話す

〈準　備〉　パーテーション

〈問　題〉　この問題の絵はありません。

これからする質問に答えてください。

（志願者へ）

・お名前を教えてください。
・今日は誰とここへ来ましたか。
・小学校に入ったら何をしたいですか。

（質問が終わったら、パーテーションで区切られた反対側のスペースに行く）

（保護者へ）

・志願した理由を、学校案内に書かれたメリットとデメリットをふまえてお答えください。
・今までの育児で気を付けてきたことを教えてください。
・お子さまに今足りないことは何だと思いますか。
・当校にお子さまが入学したら、どういう点を成長させたいですか。

〈時　間〉　適宜

〈解　答〉　省略

［2017年度出題］

学習のポイント

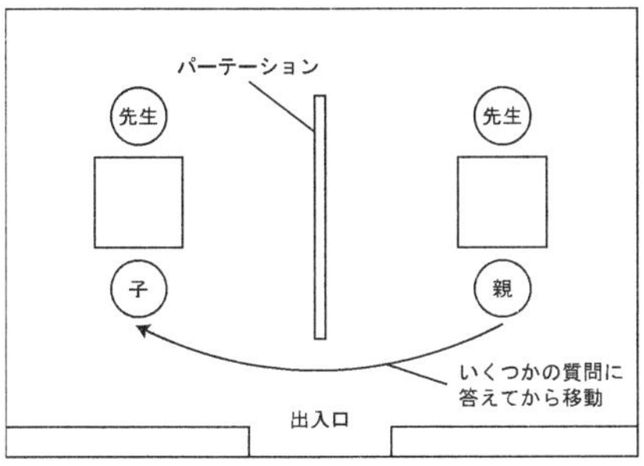

男女共通の課題です。左の図のように、最初は親子で入室しますが、お子さまへの質問が終わると、お子さまはパーテーションで区切られた別のスペースへ移動し、そこで親子活動のルールを聞きます。隣のお子さまの様子が気になる保護者の方もいらっしゃると思いますが、その間に質問がされますから、先生の話に集中してください。近年、親子面接の場において、お子さまの回答を必要以上に気にしたり、回答を保護者が説明する場面がたびたび見られます。そうした行為は、学校によっては子離れができていないという印象を持たれてしまう場合があります。保護者への質問は、国立小学校の教育を理解しているかどうか、ご家庭での様子や、お子さまの将来などです。学校についての意見は、説明会の内容を理解し、学校案内に目を通してから考えてください。ご家庭での様子は、いわゆる「きれいな答え」を作る必要はなく、ご家庭のありのままの様子を答えればそれで構いません。もし、そのままの様子を答えるのがためらわれる場合であれば、まずはご家庭の環境を見直すところから始めてください。

【おすすめ問題集】
面接テスト問題集、小学校受験の入試面接Q＆A

問題21　分野：口頭試問・親子活動【男子】

考え　話す

〈準　備〉　なし

〈問　題〉　この問題の絵はありません。
①これから体操をします。私の真似をして、同じ動きをしてください。
（体操を１度見せる）
②では、今度は私と一緒に体操をしましょう。ただし、最後のポーズは自分で考えた好きなポーズをしてもいいですよ。
（体操を行う）
③それでは、今覚えた体操を、今度は保護者の人に教えて、一緒にやってください。

〈時　間〉　適宜

〈解　答〉　省略

［2017年度出題］

学習のポイント

男子に出題された課題です。当校の特徴的な問題である親子活動です。本年度は、男子には先生の真似をして模倣体操を行う課題が出されました。前の問題で説明したとおり、面接の途中で別の場所に行って説明を受けますから、保護者が側にいなくても、しっかり話を聞けるようにしておいてください。体操は簡単なものですが、後で振り付けやルールをお子さまから保護者へと説明する場面があります。お子さまの、自分の考えを伝える力が観られます。説明する時は、単語を言うだけでなく、「○○をします」「××してください」というように、ていねいな言葉遣いで説明するよう教えてあげてください。日頃の遊びの中で、保護者が遊びのルールを教える時に、ていねいにお子さまに教えて、お手本になるようにしてください。

【おすすめ問題集】
新口頭試問・個別テスト問題集、Ｊｒ・ウォッチャー29「行動観察」

問題22　分野：口頭試問・親子活動【女子】

考え　話す

〈準備〉　あらかじめ、問題22のイラストを点線に沿って切り取っておく。

〈問題〉　（切り取った問題22のイラストを、机の上に裏返して置く）
①これからものまねゲームをします。私（出題者）がカードを１枚選びます。そのカードの表側の絵を、私に見えないように確かめてください。
②カードの絵に描かれたものを、体を使って表現してください。ただし、鳴き声や音を口で言ってはいけません。私が当てられたら正解です。
③それでは、今覚えたゲームを、今度は保護者の人に教えて、一緒にやってください。

〈時間〉　適宜

〈解答〉　省略

［2017年度出題］

学習のポイント

女子に出題された課題は、カードの絵を表現するという、やや抽象的な課題です。問題の観点は、男子と同様ですから、正確に表現することにこだわらなくても問題ないと思われます。ものまね遊びやジェスチャーゲームなどで、一般的な真似の仕方を覚えておけばよいでしょう。遊びのルールを説明する時には、先生の説明を正確に覚えるのではなく、ポイントをしっかり覚える練習をしておくのがよいでしょう。この課題で例えると、「絵に描かれたものを体を使って表現する」「音や鳴き声を口に出してはいけない」などです。お子さまからゲームのルールを聞く時、何か足りていないものや、忘れているものがあると感じたら、お子さまに質問する形で説明を促してください。ただし、あまり頻繁に質問をすると、過干渉ととられてしまいますので、あくまで説明の主体がお子さまにあることを忘れないでください。

【おすすめ問題集】
新口頭試問・個別テスト問題集、Ｊｒ・ウォッチャー29「行動観察」

問題23　分野：運動（模倣体操）

聞く

〈準 備〉　お子さまが立つ位置の目安として、人数分の円を床に描いておく。

〈問 題〉　この問題の絵はありません。
（この問題は25人程度のグループで行う）
これから私（出題者）が、体操をします。私がする動きをよく見て真似をしてください。
①両手を上げて、バンザイをした後、しゃがみます。これを２回繰り返した後、気を付けをしてください。
②片足立ちになって、その場でケンケンをします。右足、左足の順番に10回ずつ跳んでください。

〈時 間〉　適宜

〈解 答〉　省略

［2016年度出題］

学習のポイント

当校の考査では、はじめに本問のような模倣体操（準備体操）が実施されています。流れとしては、「（教室の外で椅子に座って待つ）→（教室に入場する）→（5種類のゼッケン（ビブス）を各自で身に付ける）→（本問）」という形で実施されたようです。このような問題は、準備運動を兼ね、取り組む姿勢や指示を理解できているかが観察されます。一生懸命取り組むことも大切ですが、身体が緊張した状態では、お子さま自身の負担になってしまいます。体操をする時は、まず基本となる「気を付け」の姿勢で、一度お腹からゆっくり息を吐き、胸を広げて息を吸って、余分な力を抜いてから行うようにするとよいでしょう。当校の模倣体操は入試の準備運動の意味合いも含まれていますから、身体をほぐしてリラックスすることを意識してください。

【おすすめ問題集】
新運動テスト問題集、Ｊｒ・ウォッチャー28「運動」、29「行動観察」

問題24　分野：自由遊び【女子】　協調

〈準 備〉　あらかじめ、問題24の絵を参考にして、遊具の準備をする。

〈問 題〉　この問題は絵を参考にしてください。
（この問題は25人程度のグループで行う。初めに、上級生たちによる遊び方の説明がある）

「エアホッケー」…２人組で手作りのエアホッケーを行なう。段ボール製。
「ままごと」…４人で１グループとなり、ぬいぐるみ、プラスチック製の食器やおもちゃなどを使い、ままごとをする。
「魚にエサやり」…エイ・サメ・クラゲなどが描いてあるイラストに向かって、ボールを投げる。魚類の口の部分には穴が開いている。
「サーキット運動」…平均台、跳び箱（３段）の順で設置されている。

ここにあるものを使ってお友だちと仲良く遊んでください。
（20分後）
はい、終わりです。後片付けをしましょう。

〈時 間〉　20分

〈解 答〉　省略

[2016年度出題]

学習のポイント

行動観察は「自由遊び」がここ数年続けて出題されています。評価の基準はあらかじめ示されていないので、こうすれば正解という行動はありません。おそらく、積極性と集団行動ができるかというという２点は評価されていると考えられますが、１グループが25名と人数も多いこともあり、ポイントを絞った評価をしていると考えられます。消極的になって遊びに参加しなかったり、遊具を奪い合ったりするのはもちろんいけませんが、「悪目立ち」しないように常識的な行動を取れば、それほど悪い評価にはならないと思われます。遊具ごとに評価する出題者がおり、そこで「目立って問題のある行動を取る志願者をチェックしている」だけですから、幼稚園・保育園でふつうに行動できているお子さまなら、特別な準備は必要ありません。むしろ、テストだからと特別な行動をするように保護者の方が言うと、余計なプレッシャーがかかって、お子さまが突飛な行動を取ってしまうかもしれません。

【おすすめ問題集】
新口頭試問・個別テスト問題集、Ｊｒ・ウォッチャー29「行動観察」

問題25　分野：自由遊び【男子】

協調

〈準備〉　あらかじめ、問題25の絵を参考にして、遊具の準備をする。

〈問題〉　**この問題は絵を参考にしてください。**
（この問題は25人程度のグループで行う。初めに、上級生たちによる遊び方の説明がある）

「ボールころがし」…段ボールで作られた傾斜の上からボールを落とす。傾斜の終わりにはカゴが配置されている。
「ミニカー遊び」…木製のミニカーを使って遊ぶ。
「魚的当て」…エイ・サメ・クラゲなどが描いてあるイラスト（中央部分が的になっている）に向かって、ボールを投げる。
「平均台」…平均台が３台設置してあり、バランスをとりながら渡る。

ここにあるものを使ってお友だちと仲良く遊んでください。
（20分後）
はい、終わりです。後片付けをしましょう。

〈時間〉　20分

〈解答〉　省略

［2016年度出題］

学習のポイント

男子の場合は、女子よりも体を動かす遊具が多く使われるようですが、それ以外は特に大きな違いはありません。ただし、体を動かす分だけ、熱心になり過ぎて騒いだり、ムキにならないように気を付ける必要があります。競争や勝負の結果にはこだわらず、一緒に遊ぶお友だちと協力したり、迷惑にならないように遊べばよいでしょう。そのほかの「自由遊び」評価の基準、注意点は前問で示した通りです。参照してください。

【おすすめ問題集】
新口頭試問・個別テスト問題集、Ｊｒ・ウォッチャー29「行動観察」

問題26　分野：口頭試問・親子活動【男子】

考え　話す

〈準備〉　タンバリン、カスタネットなどの楽器を５つ（同じものが２つあってもよい）、それぞれを動物（タヌキ・キリン・キツネ・クマ・サル）の顔の絵の上に置く（動物の顔は見えるようにしておく）。

〈問題〉　**この問題は絵を参考にしてください。**
（問題21のイラストのように打楽器を配置する）
出題者が「タヌキ・キリン・キツネ・クマ・サル（順不同）」と唱えながら打楽器を鳴らし、見本を見せた後、志願者に見本と同じ順番で演奏するように指示する。その後、志願者・保護者に自由に演奏するように指示する。

〈時間〉　５分程度

〈解答〉　省略

［2016年度出題］

学習のポイント

親子で意志の疎通ができているかを観られる問題です。相談する時間が設けられているわけではありませんが、演奏する前には親子でどのように演奏するかを話し合った方が評価は高いでしょう。その際、保護者の方がお子さまに意見・考えを押し付けるように見えたりしないようにしましょう。お子さまの機嫌をとっているように見えるのもよくありません。当校は「自主性を重んずる」教育方針を取っていますから、積極的にお子さまが発言するように保護者の方が誘導すべきです。「親子で話し合う・意見を出し合う」という姿勢で臨みましょう。

【おすすめ問題集】

新口頭試問・個別テスト問題集、Ｊｒ・ウォッチャー29「行動観察」

問題27　分野：口頭試問・親子活動【女子】

考え　話す

〈準備〉　5cm程度の木製の札11枚
※１枚は表面を青色、その他はオレンジ色に塗る。おはじきなどで代用可能。

〈問題〉　**この問題は絵を参考にしてください。**
（問題27のイラストを参考にして、机の上に木の札を配置する）
オレンジ色の木札を指で弾いて、青色の木札に当ててください。当たったら、青色の木札がもらえ、同じ人がもう一度、オレンジ色の木札を元の位置に戻して、青色の木札に当てます。外れた時は交代してください。すべての札を机から落としたらゲーム終了です。それではゲームを始めてください。

〈時間〉　５分程度

〈解答〉　省略

［2016年度出題］

学習のポイント

卓上のゲームを行う課題です。それほど考える要素もなく、ゲームのルールが把握できれば、相談する内容も、どちらが先にゲームを行なうぐらいしかありません。出題内容を把握する意味でも、おはじきなど代用して、一度ゲームを親子で行ってみるのがよいでしょう。なお、ゲームが終わった後、出題者から「片付けなくてよい」と言われたようです。無理に片付ける必要はありませんが、その姿勢ぐらいは見せたほうがよいでしょう。

【おすすめ問題集】

新口頭試問・個別テスト問題集、Ｊｒ・ウォッチャー29「行動観察」

問題28　分野：行動観察

聞く　協調

〈準　備〉　プラスチック製のコップ25個

〈問　題〉　この問題の絵はありません。

（この問題は５人のグループで行う。グループは同じ種類のビブスをつける）
これから競争でコップを積み上げてもらいます。
お友だちとよく相談してできるだけ高くコップを積み上げてください。

〈時　間〉　適宜

〈解　答〉　省略

［2015年度出題］

学習のポイント

この出題の前年には、コップではなくスポンジブロックを使って同様の課題が出題されています。「お友だちと協力して何かを積み上げる」という内容はほとんど同じですから、コミュニケーションを取りながら、共同で作業できれば問題ありません。たまに強引にリーターシップを取ろうとして他の人の話をきかない、あるいは自分勝手に作業をするお子さまもいます。そのような様子を試験中に見せてしまうと、どんなに作業の結果がよくても高い評価は望めないでしょう。ここでは、指示が理解できるか、集団活動ができるか、ということが観点であって、コップを高く並べる能力や発想力があるということはほとんど観点ではないからです。こういった問題の観点は保護者の方から、お子さまにわかる形で事前に伝えておきましょう。「～してはダメ」という形ではなく、「他の人も楽しくゲームができるように行動しなさい」といった前向きな形が望ましいですし、お子さまも理解しやすいと思います。

【おすすめ問題集】

Ｊｒ・ウォッチャー29「行動観察」

問題29　分野：自由遊び

協調

〈準備〉　あらかじめ、問題の29-１の絵を参考にして、遊具の準備をする。
問題29-２は線に沿って切り離し、カードにしておく。

〈問題〉　この問題は絵を参考にしてください。
（この問題は25人程度のグループで行う。初めに、上級生たちによる遊び方の説明がある）

「お話作り」
…８種類の動物・植物などのカード（問題29-２を切り離したもの）をシートに並べてお話を作る。（女子のみ）
「夢のシート作り」
…紙に星やロケットのシールを貼り、宇宙を表現する。（男子のみ）
「ペットボトルボーリング」
…ペットボトルをピンに見立ててボーリングをする。
「おままごと」
…プラスチック製の食器やおもちゃを使いままごとをする。
「カバにエサやり」
…カバの顔が描いてあるイラストに向かって、ボールを投げる。カバのの口の部分には穴が開いている。
「ドンジャンケン」
…平均台をＬ字型に配置して、ドンジャンケンで遊ぶ。

ここにあるものを使ってお友だちと仲良く遊んでください。
（20分後）
はい、終わりです。後片付けをしましょう。

〈時間〉　20分

〈解答〉　省略

［2015年度出題］

学習のポイント

当校では行動観察として、数年来「自由遊び」が出題されています。行動についての約束事はありません。おそらく、「何もしない」「遊具を独り占めして、ほかの子が遊べないようにする」といった問題行動がなければ、大きな減点はされないでしょう。また、遊んでいる最中に、「どうしてこの遊具で遊んでいるのか」「どういう遊び方をしているのか」といった質問をされることもあるようです。遊びに夢中になってしまうと、受け答えがおろそかになってしまうお子さまもいるようですから、注意しておきましょう。どのようにすれば、大きな加点が得られるかという「コツ」がないのがこういった問題の特徴です。得点を稼ごうとして「目立つ」行為は、ややもすると失敗に近づく行動と考えてください。

【おすすめ問題集】
新口頭試問・個別テスト問題集、Ｊｒ・ウォッチャー29「行動観察」

問題30　分野：口頭試問・親子活動【男子】

考え　話す

〈準　備〉　なし

〈問　題〉　（問題30のイラストを志願者に見せる）
これからどんなお話が始まると思いますか。家族の人と相談して答えてください。

〈時　間〉　5分程度

〈解　答〉　省略

［2015年度出題］

学習のポイント

お話の内容よりも、親子間のコミュニケーションができているかということが観られる問題です。本問では自分たちが話す時間を考えると、「相談する→答えを考える」という時間は2～3分ほどです。この間の様子が出題者に観察されるわけです。「保護者の方がお子さまに意見・考えを押し付ける」「お子さまの意見を否定する」といったことは、しないように気を付けてください。お子さまの発想を導くように言葉がけをする、あるいはヒントになることを言うといった姿勢で臨めば自然と円滑なコミュニケーションになるでしょう。また、発表の時は、お子さまが自分で考えた内容を、お子さま自身の言葉で話すという形を見せましょう。出題はお子さまが答えるという前提ですから、保護者の方が答えてしまうと大きな減点になります。

【おすすめ問題集】
新口頭試問・個別テスト問題集、
Ｊｒ・ウォッチャー21「お話作り」、29「行動観察」

問題31　分野：口頭試問・親子活動【女子】

考え　話す

〈準　備〉　ペットボトルのフタ30個（2つは上の部分を油性マジックで青色に塗っておき、机の上にランダムに　配置しておく）

〈問　題〉　この問題の絵はありません。
①（志願者にペットボトルのフタを見せる）ペットボトルのフタをできるだけ高く積んでください。
②青く塗ったフタを使って、おもしろいゲームを考えてください。
（保護者と）相談して答えてください。

〈時　間〉　①1分　②5分程度

〈解　答〉　省略

［2015年度出題］

学習のポイント

ご家庭にあるものを使って親子で遊びを考えるという問題は、当校の入試では、たびたび出題されています。男子と比べると発想力を必要とする問題です。発想力は保護者の方にも必要ですから、あらかじめこのような問題が出ることは予想しておき、対応できるように練習をしておいたほうがよいでしょう。ただ、親子間の円滑なコミュニケーションを見せることが基本であるというこを念頭に置いて、課題に答えてください。お子さまが考えたゲームがおもしろいかどうかは、その際考える必要はありません。お子さまが自分の言葉でゲームの説明ができるようにアドバイスをしてあげましょう。

【おすすめ問題集】
新口頭試問・個別テスト問題集、Ｊｒ・ウォッチャー29「行動観察」

問題32　分野：行動観察

聞く　協調

〈準備〉　スポンジブロック25個

〈問題〉　**この問題の絵はありません。**
（この問題は４人のグループで行う。グループは同じ種類のビブスをつける）
これから競争でスポンジブロックを積み上げてもらいます。お友だちとよく相談して、できるだけ高くスポンジブロックを積み上げてください。

〈時間〉　適宜

〈解答〉　省略

[2014年度出題]

学習のポイント

グループの作業では協調性、積極性が問われています。自分の意見をお友だちに伝えられるか、お友だちの意見を聞けるか、譲り合うことができるかがポイントとなります。この問題ではできるだけ高くという指示ですが、実際には４段ぐらいが限界となるようです。積み方を提案するという積極性と、人の意見を取り入れるという柔軟性を示すことができることが望ましいです。また、集団で何かをする際には、集団作業の経験のあるなしが大きく影響しますから、機会を見つけて、お子さまを集団行動に参加させましょう。

【おすすめ問題集】
Ｊｒ・ウォッチャー29「行動観察」

問題33　分野：自由遊び

協調

〈準 備〉　あらかじめ、問題33の絵を参考にして、遊具の準備をする。

〈問 題〉　この問題は絵を参考にしてください。

（この問題は25人程度のグループで行う。初めに、上級生たちによる遊び方の説明がある）

「マグネット魚釣り」
…ビニールプールにマグネットのついた魚のイラストを適宜置いておく。また、釣り竿に模した棒の先から糸を伸ばした先にもマグネットを結んでおき、ビニールプールの魚を釣る。
「ドーナツ転がし」
…イラストが描いてある的にドーナツ型のボールを転がす。
「タクシーごっこ」
…段ボールのタクシーを使ってごっこ遊びをする。運転手役と乗客役を決める。少し進んだら役を交代する。（男子のみ）
「パン屋さんごっこ」
…長机のお店（イラストのパンを数個置き、ショーケースに見立てる）。テーブル１つと椅子４脚（パンを食べるテーブルに見立てる）（女子のみ）
「ドンジャンケン」
…平均台をＬ字型に配置してドンジャンケンで遊ぶ。

ここにあるものを使ってお友だちと仲良く遊んでください。
（20分後）
はい、終わりです。後片付けをしましょう。

〈時 間〉　20分

〈解 答〉　省略

［2014年度出題］

学習のポイント

毎年行われている行動観察の問題です。当校ではこのように「自由遊び」が出題されますが、特に「このように行動しなければならない」という決まりはありませんから、積極的にほかの志願者に配慮できれば問題ありません。おそらく、「問題行動のあるなし」が大きな観点である集団活動では、「他人とうまくコミュニケーションがとれない」「年齢相応の元気さがない」といったあからさまなマイナス以外は、特に問題にならないのではないでしょうか。しかし、お子さまに「試験だからうまくやりなさい」と言っても一朝一夕では簡単に行かないのが、この手の試験の難しさでもあります。ふだんのくらしの中で、自然に他人に配慮をするような情操を保護者の方が見本として見せることで、お子さまもそういった行動や判断ができるようになることを期待しましょう。

【おすすめ問題集】
　新口頭試問・個別テスト問題集、Ｊｒ・ウォッチャー29「行動観察」

問題34　分野：口頭試問・親子活動【男子】

考え　話す

〈準　備〉　なし

〈問　題〉　（問題34のイラストを見せて、志願者に）
①動物の絵がありますね。この絵の中で好きな動物を選んでください。
②（選んだ動物の名前）のお誕生日会が明日あります。どんなお祝いをしてあげますか。（保護者と）相談して答えてください。

〈時　間〉　5分程度

〈解　答〉　省略

［2014年度出題］

学習のポイント

親子活動は2012年度から実施されている問題です。決まった解答が存在する問題ではないので、親子で話し合うこと、お互いの意見を尊重しあった結論を出すことが評価の対象だと考えられます。面接の質問内容にも通じることですが、当校では学力偏重になるのではなく、お子さまの個性を尊重する教育を実践していることがうかがえる試験内容です。

【おすすめ問題集】
新口頭試問・個別テスト問題集、Ｊｒ・ウォッチャー29「行動観察」

問題35　分野：口頭試問・親子活動【女子】

考え　話す

〈準　備〉　なし

〈問　題〉　（問題35のイラストを見せて、志願者に）
①動物の絵がありますね。この絵の中で好きな動物を選んでください。
②（選んだ動物の名前）が隣の家に引っ越してきました。仲良くなるにはどうしたらよいと思いますか。（保護者と）相談して答えてください。

〈時　間〉　5分程度

〈解　答〉　省略

［2014年度出題］

学習のポイント

女子に出題された問題です。こちらも決まった解答は存在しませんが、新しいお友だちとコミュニケーションを取るにはどうしたらよいのかを問う質問となっています。日頃のお友だちとの関わり方を振り返って、試験前には、お友だちと仲良く接するにはどうしたらよいのか、親子で話し合ってください。ユニークな答えをすることよりも、親子間のコミュニケーションが良好なことを試験官に印象付けることを意識してください。

【おすすめ問題集】
新口頭試問・個別テスト問題集、Ｊｒ・ウォッチャー29「行動観察」

問題36　分野：模倣体操

聞く

〈準備〉　志願者が立つ位置の目安として、人数分の円を床に描いておく。

〈問題〉　**この問題の絵はありません。**
（この問題は25人程度のグループで行う）
これから私（出題者）が、体操をします。私がする動きをよく見て真似をしてください。
①足を揃えて「気を付け」をしてください。
②片足立ちになって、その場でケンケンをします。右足、左足の順番に15回ずつ跳んでください。

〈時間〉　適宜

〈解答〉　省略

［2013年度出題］

学習のポイント

試験前の準備運動です。当校の試験の最初の課題で、年度によって細かな違い（ケンケンが屈伸運動になるといった違い）がありますが、年齢相応の運動ができれば特に問題がない単なる体操です。お子さまには、指示を理解して実行するという「試験の流れ」を試験の最初の段階で把握するよい機会と考えて、利用するように言ってください。言い換えれば、「最初の簡単なことだからこそ、まじめにやりなさい」ということですが、行動観察や簡単な口頭試問だけで評価される当校のような試験だからこそ、重要なことです。

【おすすめ問題集】
新運動テスト問題集、Ｊｒ・ウォッチャー28「運動」、29「行動観察」

問題37　分野：行動観察【男子】

協調　観察

〈準備〉　あらかじめ、問題37の絵を線に沿って切り、ランダムに置いておく。

〈問題〉　（この問題は５人程度のグループで行う）
ここにあるカードを左から数の多いものの順番に並べてください。

〈時間〉　適宜

〈解答〉　左から順に、サクランボ、鉛筆、リンゴ、アメ、イチゴ、クリ

［2013年度出題］

学習のポイント

小学校受験では、10ぐらいまでの数は理解できることを前提としています。また、それぞれの数をただ言えるだけでなく、数の多少を理解し、ものを加えたりとったりすると、それに応じて数も変わるということを知っておくぐらいのことは必要でしょう。日頃からおやつのアメを分けたり、買い物に連れて行くなどして、生活体験の中で「数える」ことに触れさせていれば問題ないでしょう。むしろ、積極性や集団における協調性の観点の方が強いと思ってください。ほかのお友だちと意見が違ってしまっても、けんかになってしまうのではなく、どちらの答えが正しいのか話し合い、自分が間違っていたら認める素直さも必要になります。

【おすすめ問題集】

新ノンペーパーテスト問題集、Ｊｒ・ウォッチャー14「数える」、29「行動観察」

問題38　分野：行動観察【女子】

協調　語彙

〈準備〉　あらかじめ、問題38の絵を線に沿って切り、ランダムに置いておく。

〈問題〉　（この問題は５人程度のグループで行う）
ここにあるカードを左から順番にしりとりでつながるように並べてください。

〈時間〉　適宜

〈解答〉　クジラ→ラクダ→ダルマ→マスク→クマ→マツボックリ
または、クマ→マスク→クジラ→ラクダ→ダルマ→マツボックリ

［2013年度出題］

学習のポイント

語彙や知識の豊富さが観られる問題です。正しい言葉がわからなければ正答できません。方言や幼児言葉、ご家庭でしか通じない呼び名ではなく、図鑑などに掲載されている、一般的な名前を覚えることを意識してください。また、本問も前の問題と同様、「積極性」と「協調性」の観点があると考えられます。答えがわかった時に勝手に１人で進めるのではなく、「こう思うんだけどどう？」などと、お友だちの意見も聞いてから進めていく姿勢が重要です。

【おすすめ問題集】

新ノンペーパーテスト問題集

Ｊｒ・ウォッチャー17「言葉の音遊び」、29「行動観察」、49「しりとり」

問題39　分野：自由遊び

協調

〈準備〉　あらかじめ、問題39の絵を参考にして、遊具の準備をする。

〈問題〉　この問題は絵を参考にしてください。
（この問題は25人程度のグループで行う。初めに、上級生たちによる遊び方の説明がある）

「ブロック遊び」（女子のみ）
…マットを敷き、その上でブロックを多数置き、つなげる。
「タワー作り」（男子のみ）
…マットを敷き、その上にブロックを多数置き、積み上げていく。
「電車ごっこ」（男子のみ）
…段ボールの電車を使ってごっこ遊びをする。運転手役と乗客役を決める。少し進んだら役を交代する。
「お菓子屋さんごっこ」（女子のみ）
…段ボールのお店（お菓子を数個置き、ショーケースに見立てる）
テーブル１つと椅子４脚（お菓子を食べるテーブルに見立てる）
「ボール投げ」
…サンタクロースとトナカイの袋にボールを投げ入れて遊ぶ。
「ドンジャンケン」
…平均台をＬ字型に配置してドンジャンケンで遊ぶ。

ここにあるものを使ってお友だちと仲良く遊んでください。
（20分後）
はい、終わりです。後片付けをしましょう。

〈時間〉　20分

〈解答〉　省略

［2013年度出題］

学習のポイント

自由遊びの課題です。制限時間があるため、迷ってずっと遊ばないのは積極性がないと評価されてしまう可能性があります。積極的に遊びに参加しましょう。集団活動では、人数が増えれば増えるほど、積極性と協調性が重要になってきます。こうした力は一朝一夕には身に付きませんので、自然と身に付けられるよう、定期的にお友だちと遊ぶ機会を設けてください。

【おすすめ問題集】
新ノンペーパーテスト問題集、Ｊｒ・ウォッチャー29「行動観察」

問題40　分野：面接

聞く　話す

〈準備〉　なし

〈問題〉　**この問題の絵はありません。**

これからする質問に答えてください。

＜志願者へ＞

①お名前を教えてください。

②今日は誰とどうやって来ましたか。

③昨日の夕ご飯は何を食べましたか。

④お家で何をして遊びますか。

⑤保護者の方といま行きたいところはどこですか。

（例：動物園と答えた場合）好きな動物は何ですか。

⑥好きなテレビ番組は何ですか。

＜保護者へ＞

①募集要項・学校案内はお読みになりましたか。読んだ上で、本校に期待することは何ですか。また、何か不安に思うことはありますか。

②もしお子さまが「教育実習の先生の授業がわかりづらい」と言ってきたらどうしますか。

③通学について心配なことはありますか。

〈時間〉　５分程度

〈解答〉　省略

［2013年度出題］

学習のポイント

志願者と保護者にはそれぞれ試験官が１名ずつ対応し、パーテーションで区切って実施され、５分ほどで面接が終了しました。その後は親子課題に移りました。志願者に対しては基本的な事柄や好きなものについて、保護者に対しては当校に対して期待することと不安に思うことが問われました。保護者の方は、こういった質問に答えられるよう、学校説明会に必ず参加し、事前に考えをまとめておきましょう。

【おすすめ問題集】

面接テスト問題集、小学校受験の入試面接Ｑ＆Ａ

東京学芸大学附属竹早小学校　専用注文書

年　　月　　日

合格のための問題集ベスト・セレクション

＊入試頻出分野ベスト３

1st 行動観察
協調性　聞く力

2nd 面　接
聞く力　話す力

3rd 親子活動
聞く力　協調性　創造力

行動観察のグループ活動と自由遊びに向けて、お友だちといっしょに遊べる協調性を伸ばしましょう。親子課題では、日常の親子関係が観られています。親子間のコミュニケーションを大切にしてください。

分野	書　名	価格(税抜)	注文	分野	書　名	価格(税抜)	注文
常識	Ｊｒ・ウォッチャー 12「日常生活」	1,500円	冊		面接最強マニュアル	2,000円	冊
記憶	Ｊｒ・ウォッチャー 21「お話作り」	1,500円	冊		面接テスト問題集	2,00円	冊
運動	Ｊｒ・ウォッチャー 28「運動」	1,500円	冊		新 個別テスト・口頭試問問題集	2,500円	冊
行動観察	Ｊｒ・ウォッチャー 29「行動観察」	1,500円	冊		新 運動テスト問題集	2,200円	冊
	新 小学校受験 願書・アンケート・作文 文例集 500	2,600円	冊		新 小学校受験の入試面接Q＆A	2,600円	冊

合計	冊	円

(フリガナ) 氏　名	電　話 ＦＡＸ E-mail
住 所　〒　　　ー	以前にご注文されたことはございますか。 有　・　無

★お近くの書店、または記載の電話・FAX・ホームページにてご注文をお受けしております。
電話：03-5261-8951　FAX：03-5261-8953　代金は書籍合計金額＋送料がかかります。
※なお、落丁・乱丁以外の理由による商品の返品・交換には応じかねます。

★ご記入頂いた個人に関する情報は、当社にて厳重に管理致します。なお、ご購入の商品発送の他に、当社発行の書籍案内、書籍に関する調査に使用させて頂く場合がございますので、予めご了承ください。

日本学習図書株式会社
http://www.nichigaku.jp

2021年度 附属竹早小学校 過去 無断複製／転載を禁ずる　日本学習図書株式会社

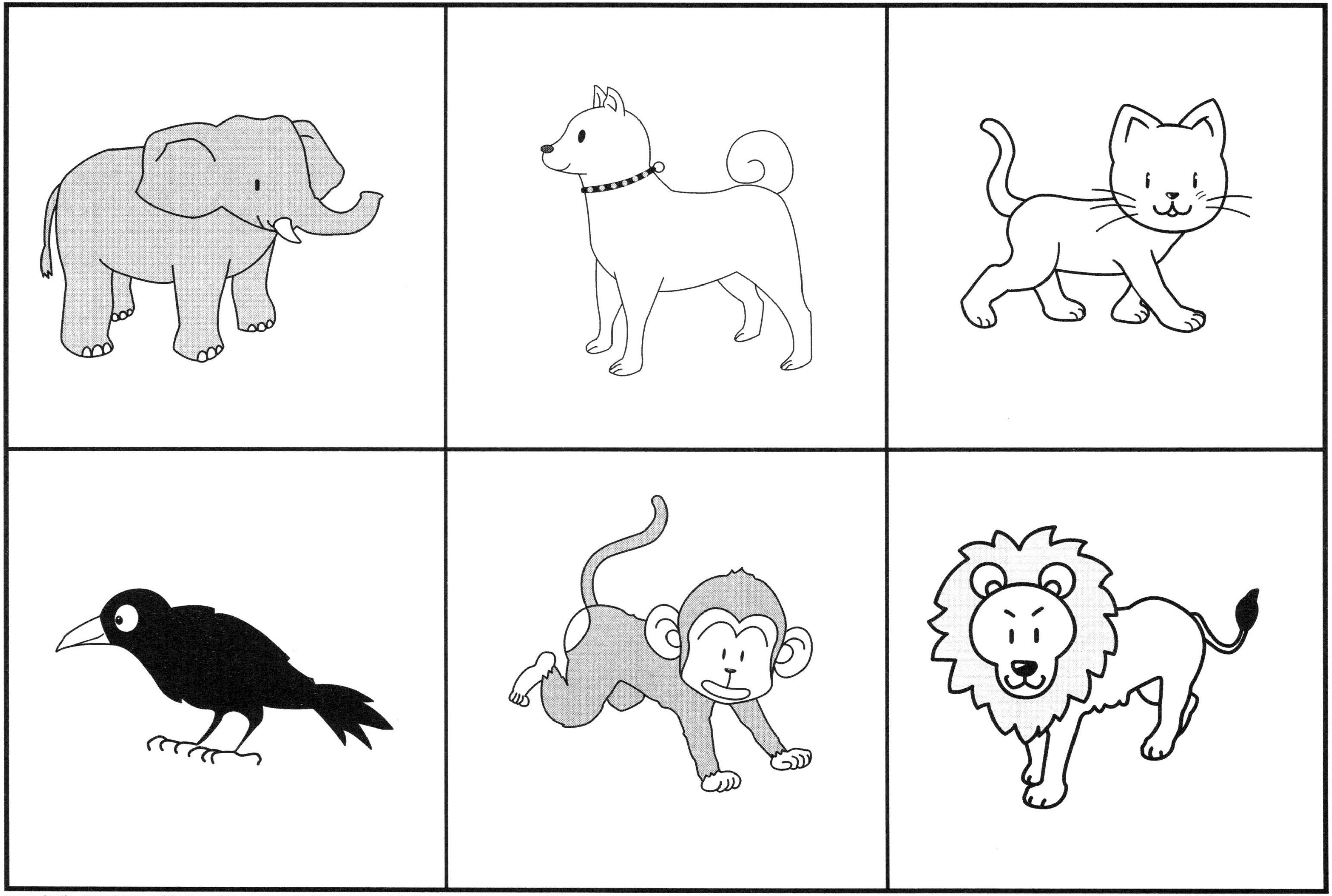

問題6

問題9

問題１０

問題11

問題１２

※カバのエサやり
（口の中に
ボールを投げ入れる）

※果物の木
（リンゴ・ミカンをとっておままごとで使用する）

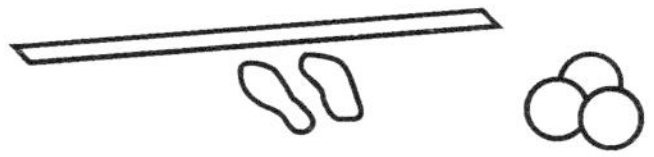

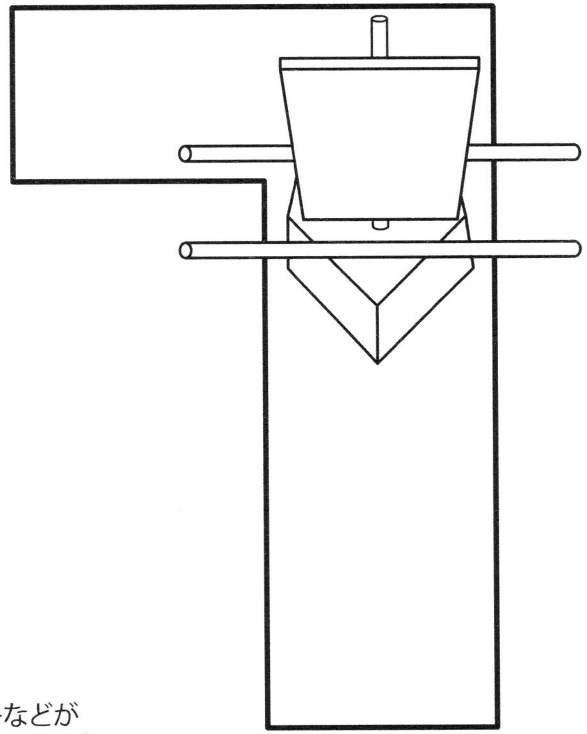

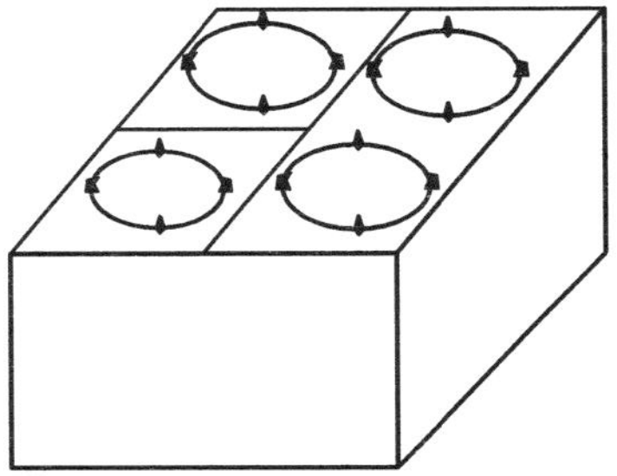

※おままごと用焼き場

（魚釣りで釣った魚、果物の木からとった果物を使う）

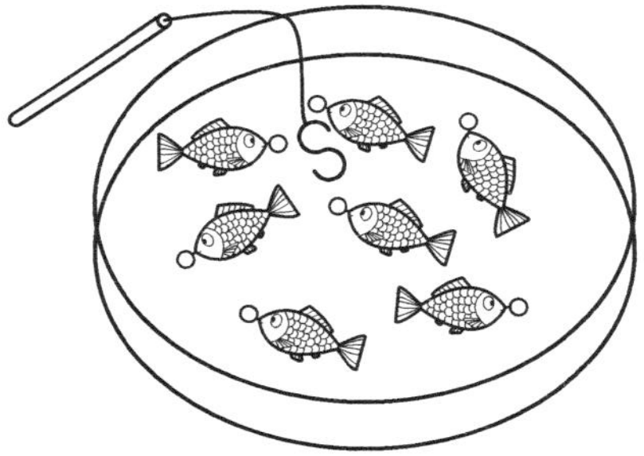

※魚釣り

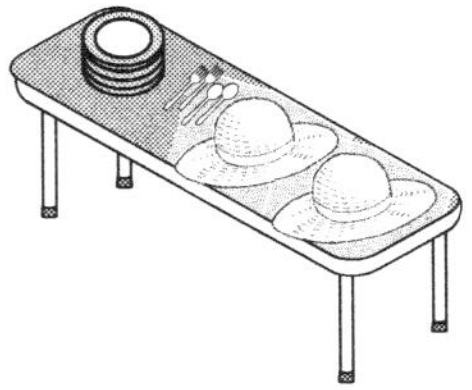

（お皿、スプーンとフォーク、帽子などが
置いてあり、自由に使って良いと指示）

※海賊船

（みんなで棒を持って、海賊船を動かす）

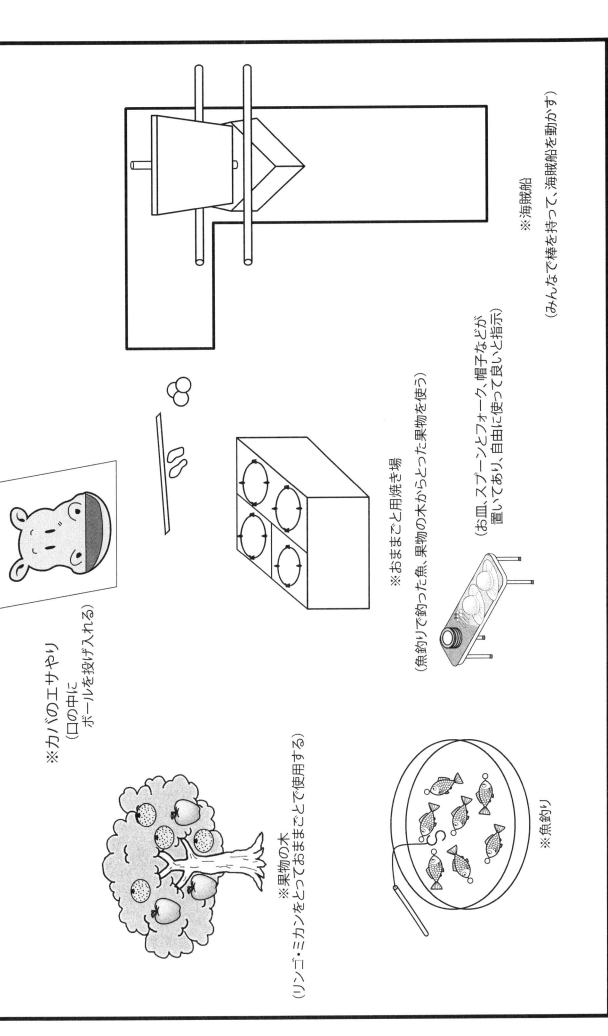

問題１４−１

2021年度 附属竹早小学校 過去 無断複製／転載を禁ずる 日本学習図書株式会社

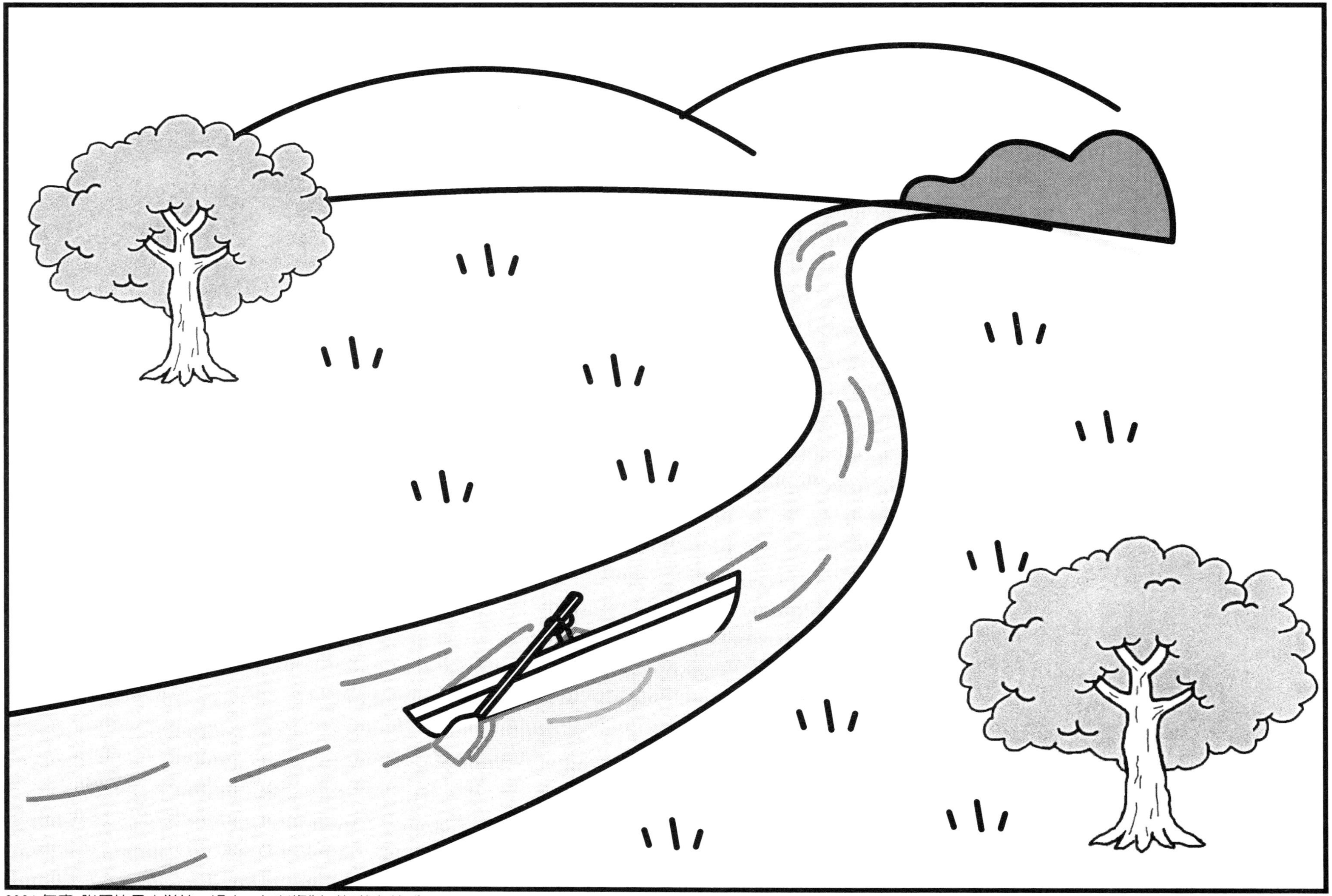

問題１５

問題１８

的当て

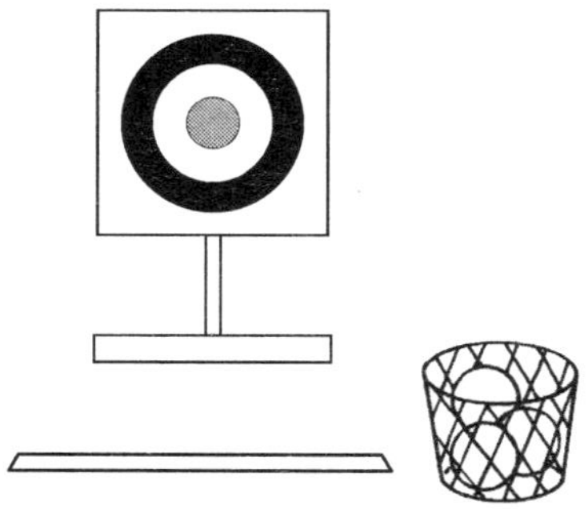

輪投げ

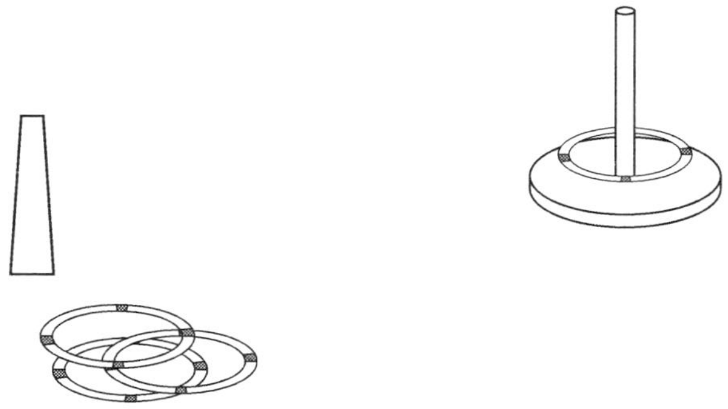

電車ごっこ

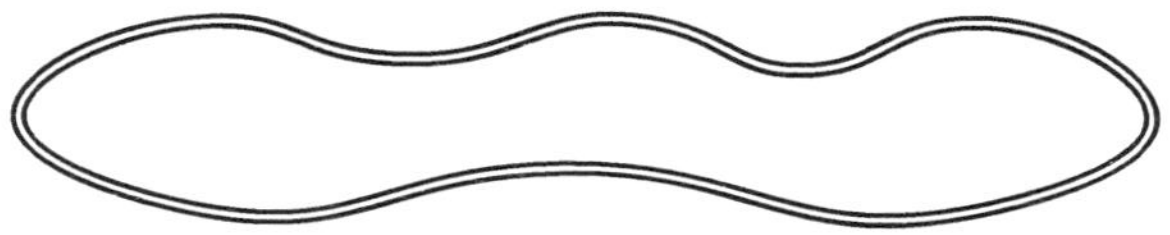

トントン相撲

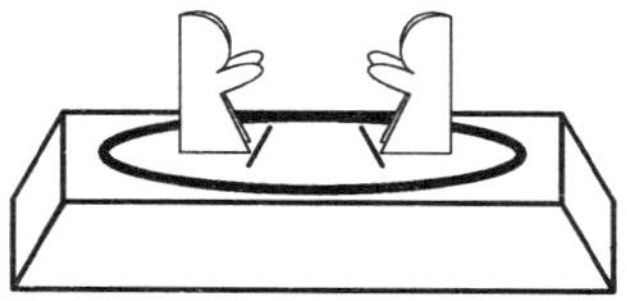

平均台

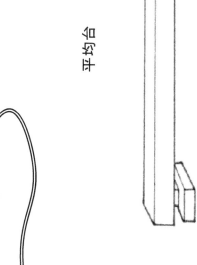

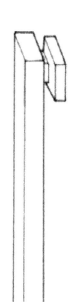

問題19

おままごと

ペットボトルボーリング

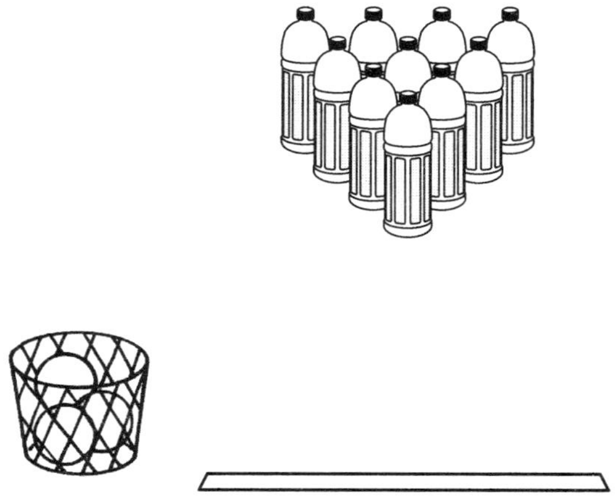

ブロック積み

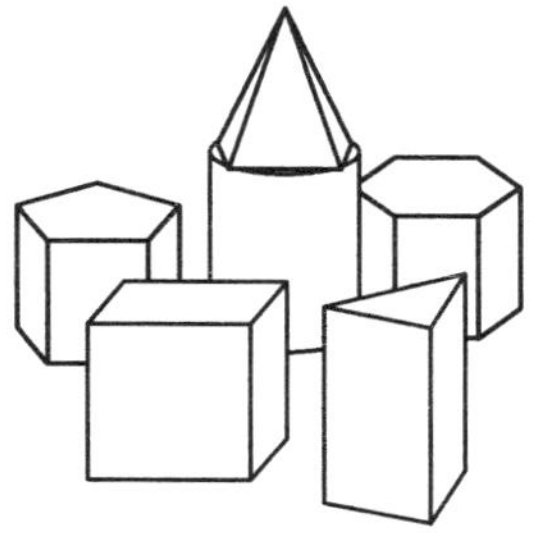

トントン相撲

一本橋じゃんけん

問題２２

問題２４

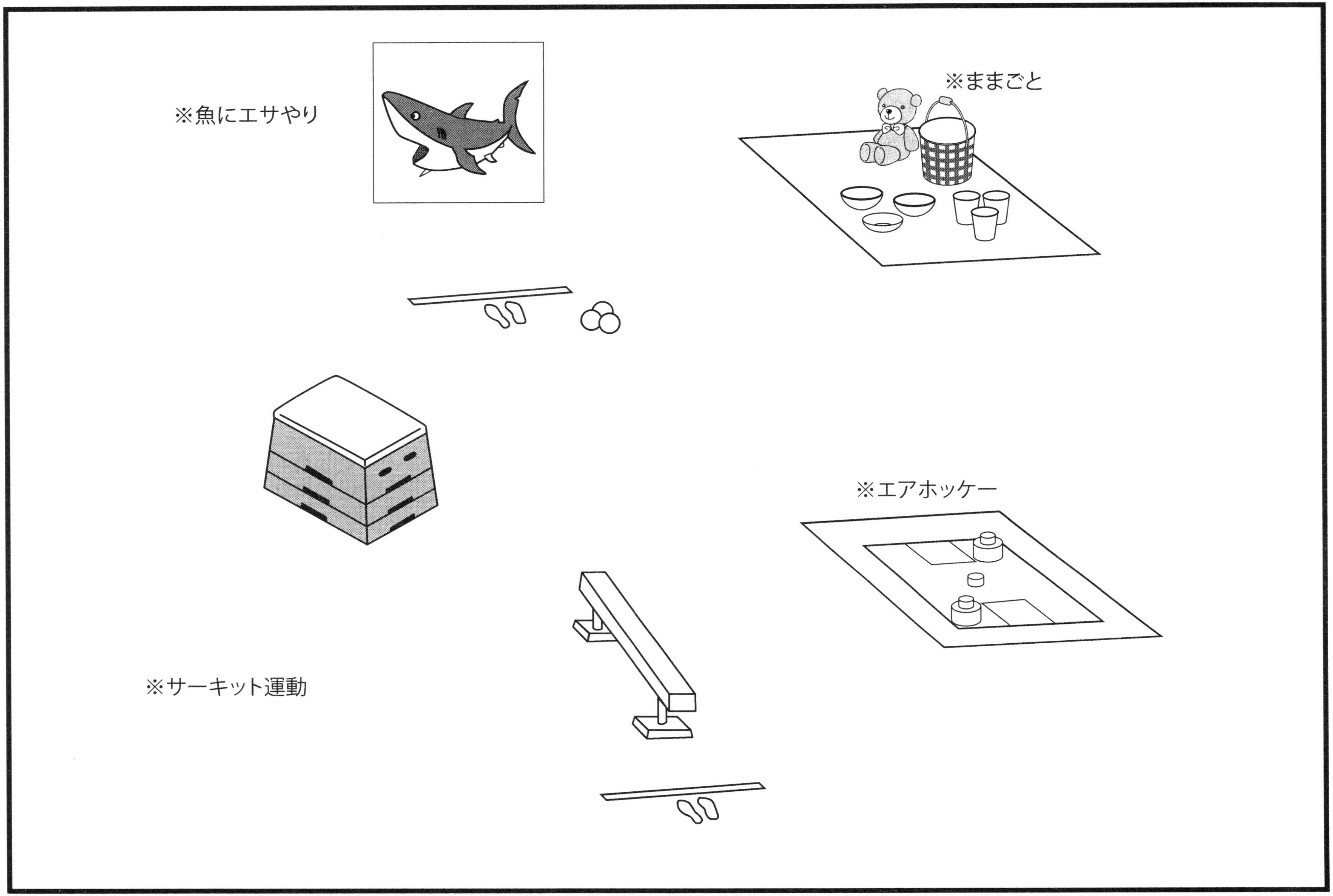

問題２５

※魚の的当て

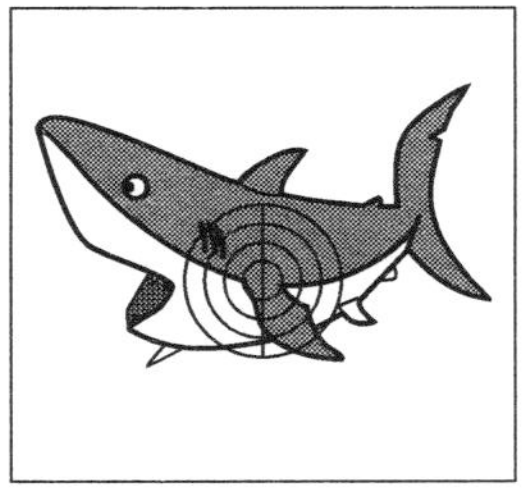

※ミニカー遊び

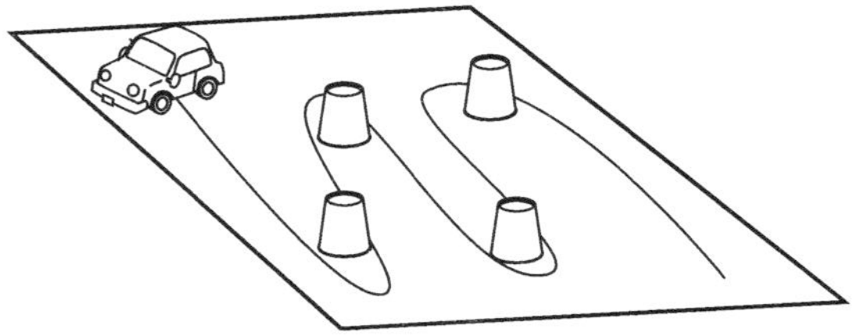

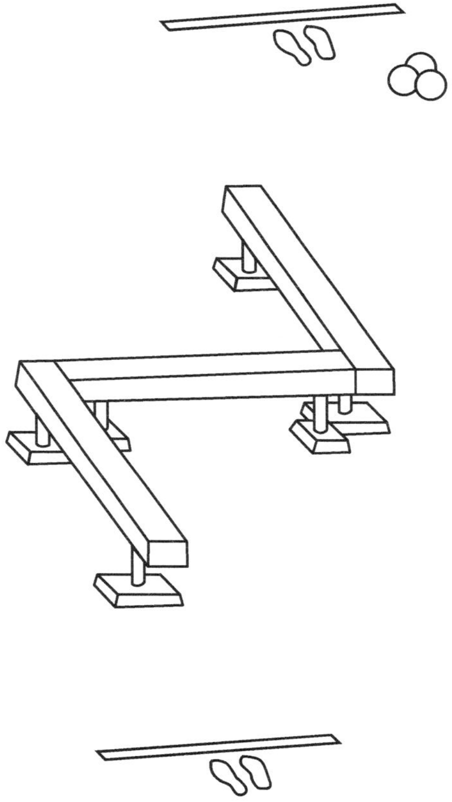

※平均台

※ボールころがし

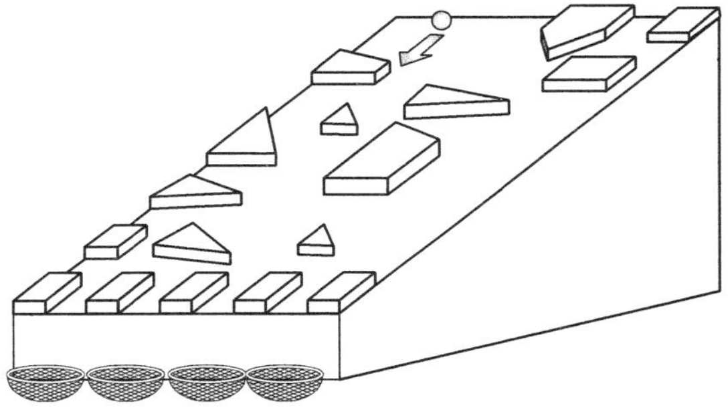

2021年度 附属竹早小学校 過去 無断複製／転載を禁ずる 日本学習図書株式会社

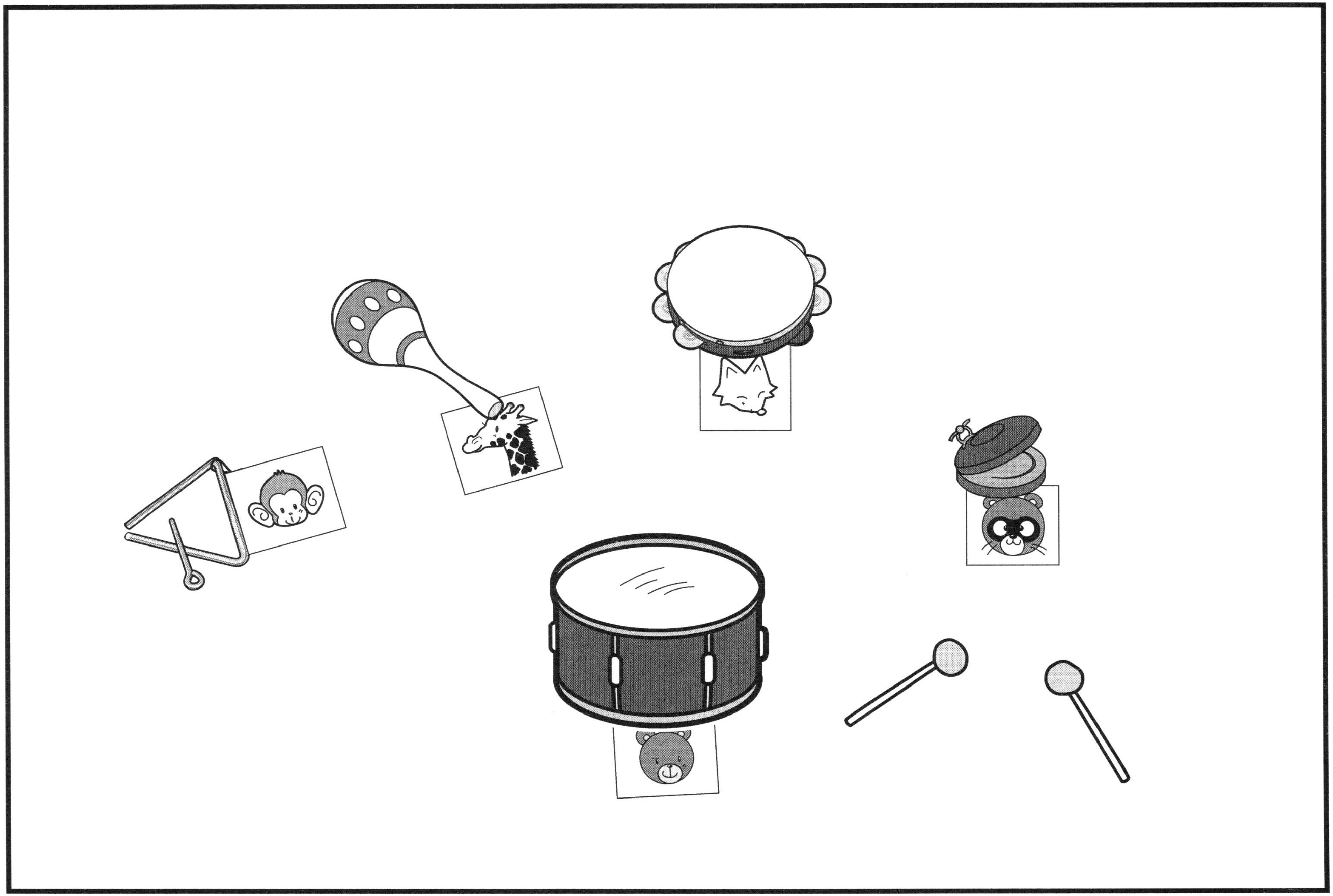

問題27

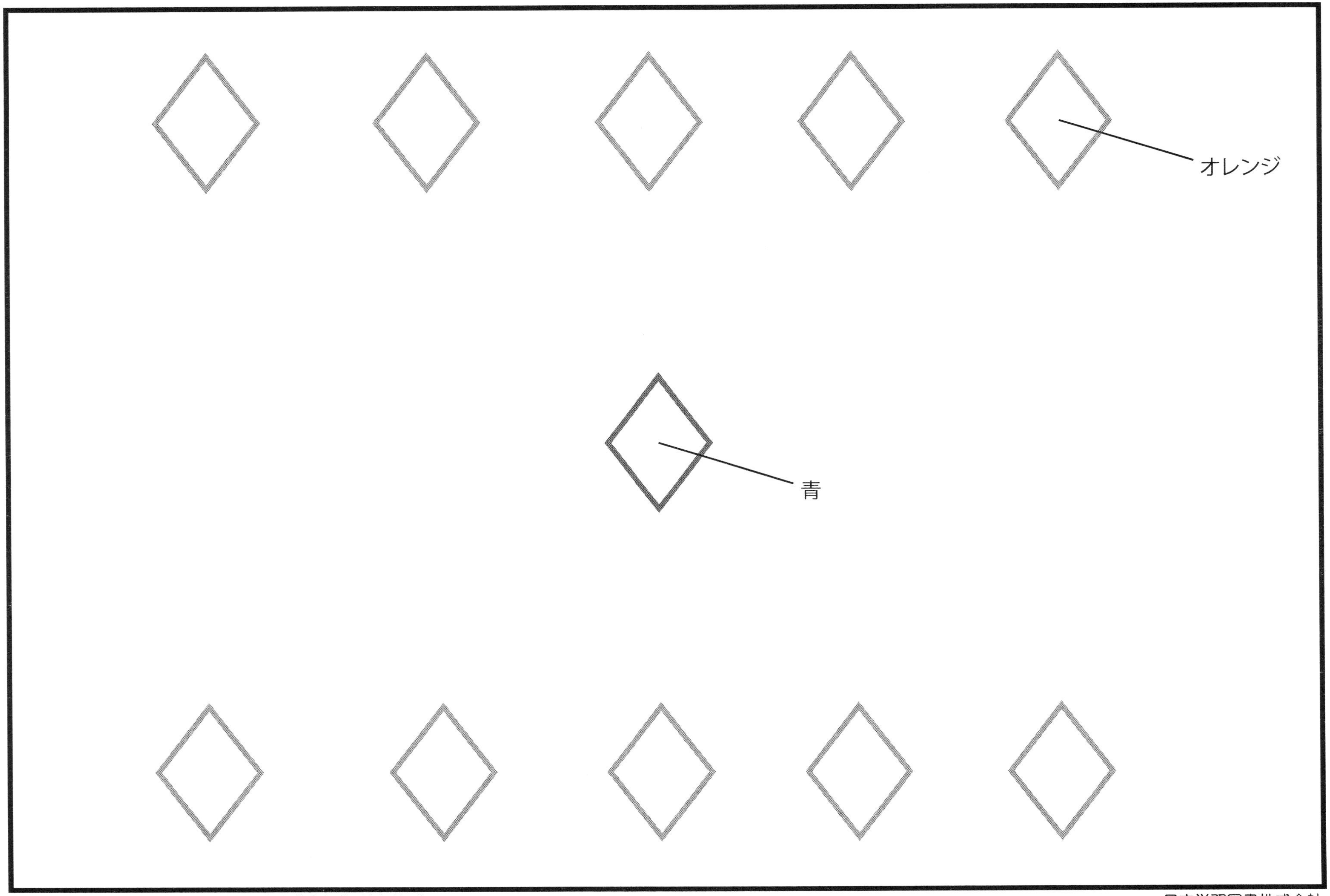

問題29－1

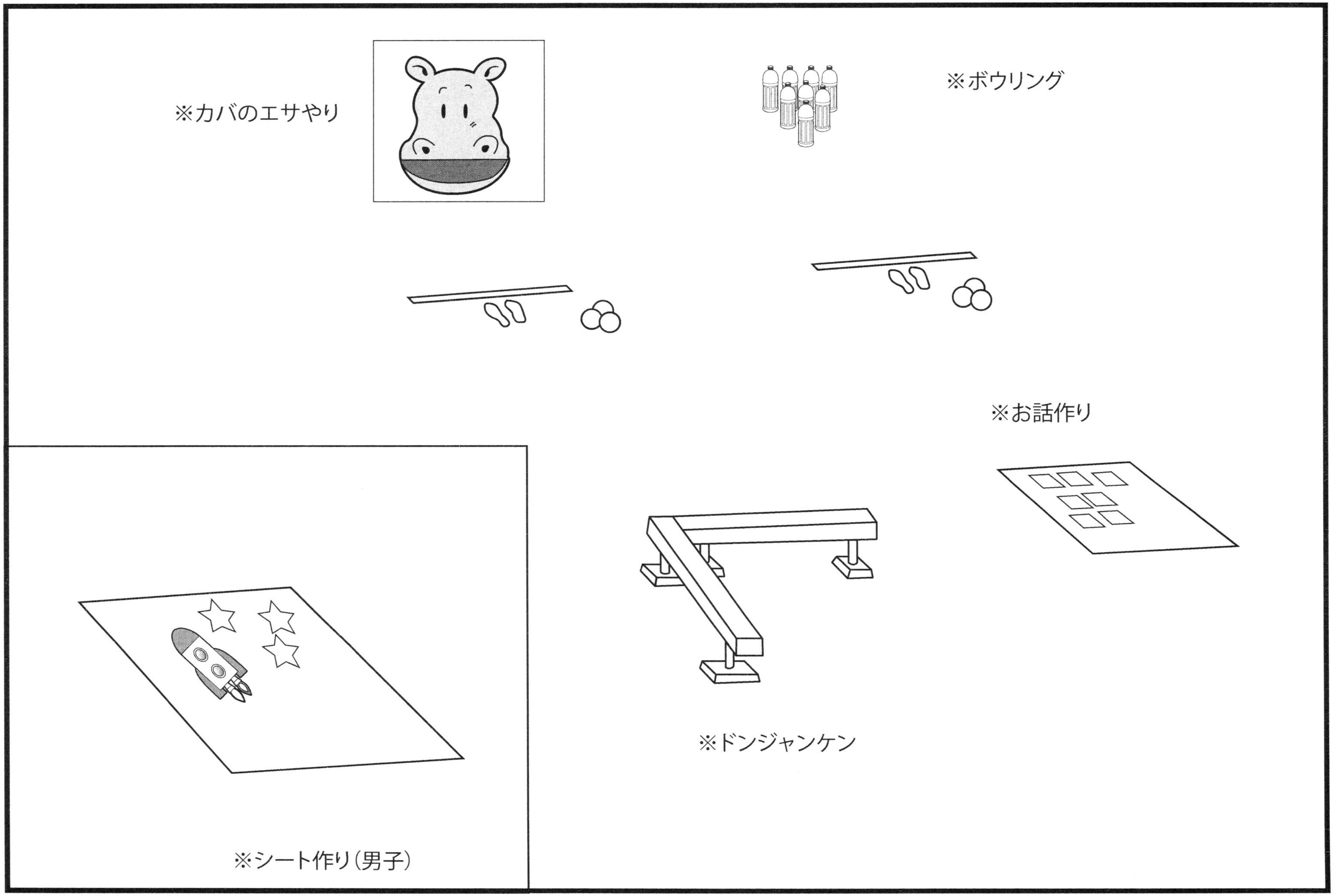
※カバのエサやり
※ボウリング
※お話作り
※ドンジャンケン
※シート作り（男子）

問題２９－２

日本学習図書株式会社

問題３０

問題３３

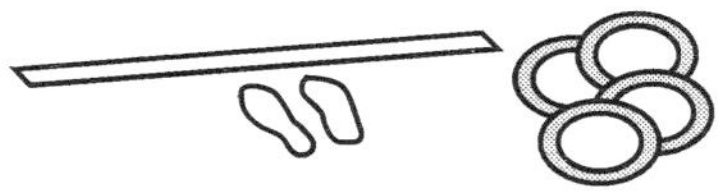

※ドーナツ型ボール転がし

※タクシーごっこ

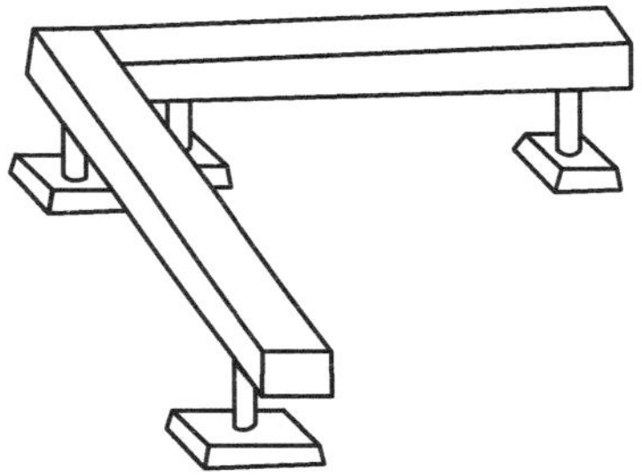

※ドンジャンケン

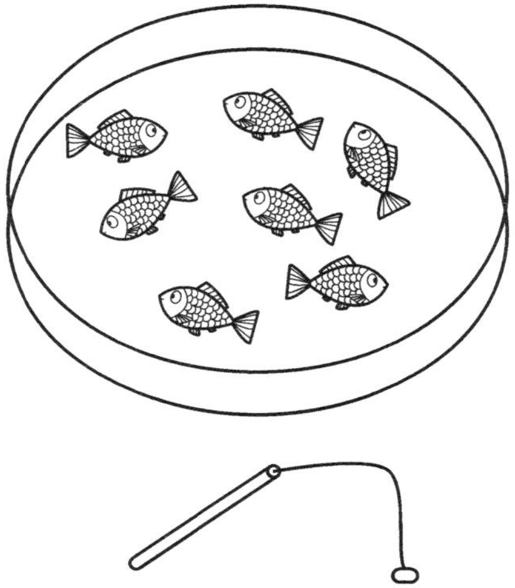

※マグネット魚釣り

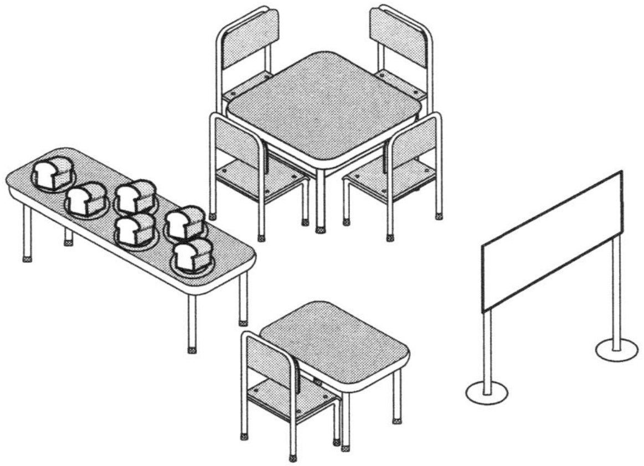

パン屋さんごっこ（女子）

問題３４

問題３５

問題３７

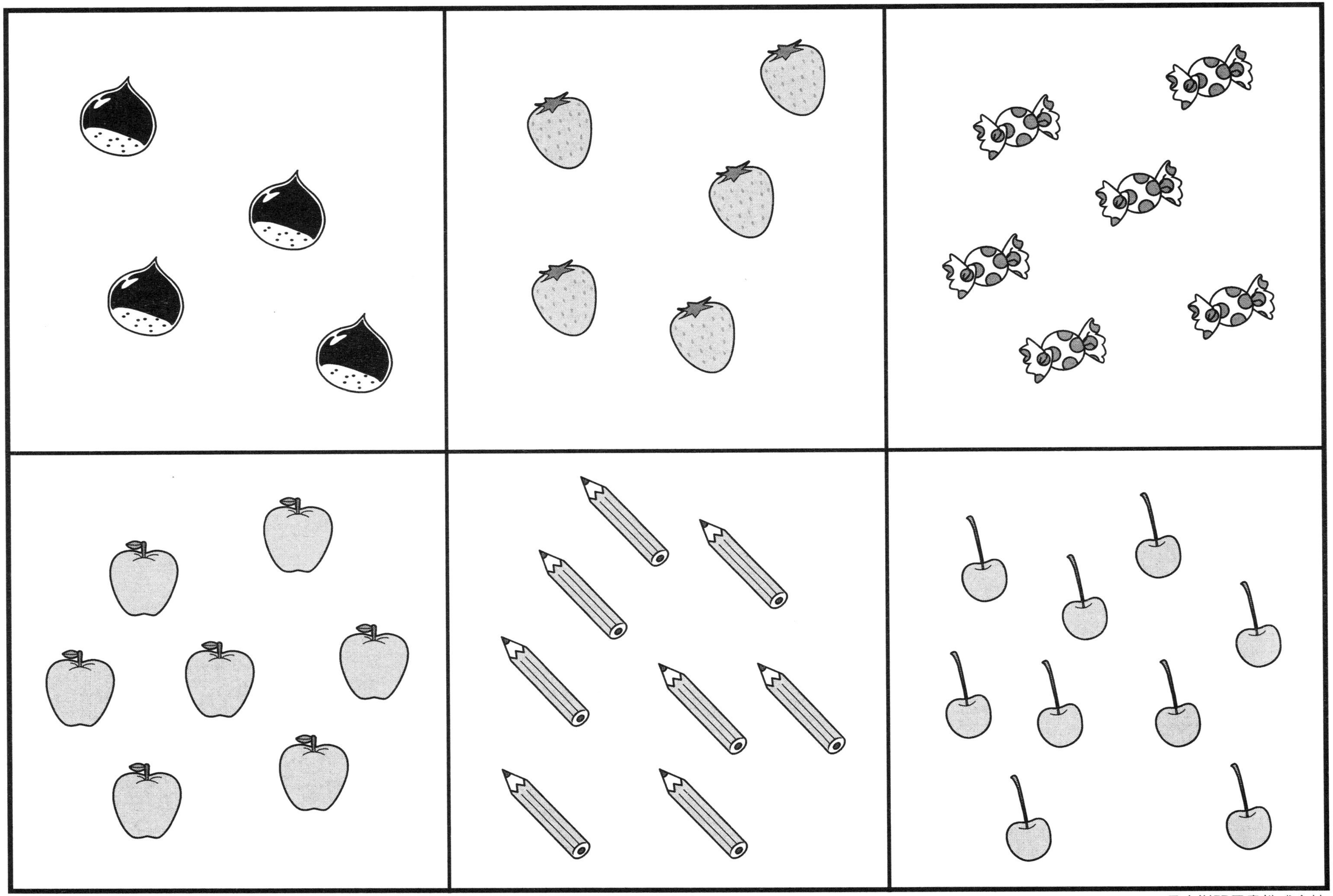

問題３８

2021年度 附属竹早小学校 過去 無断複製／転載を禁ずる 日本学習図書株式会社

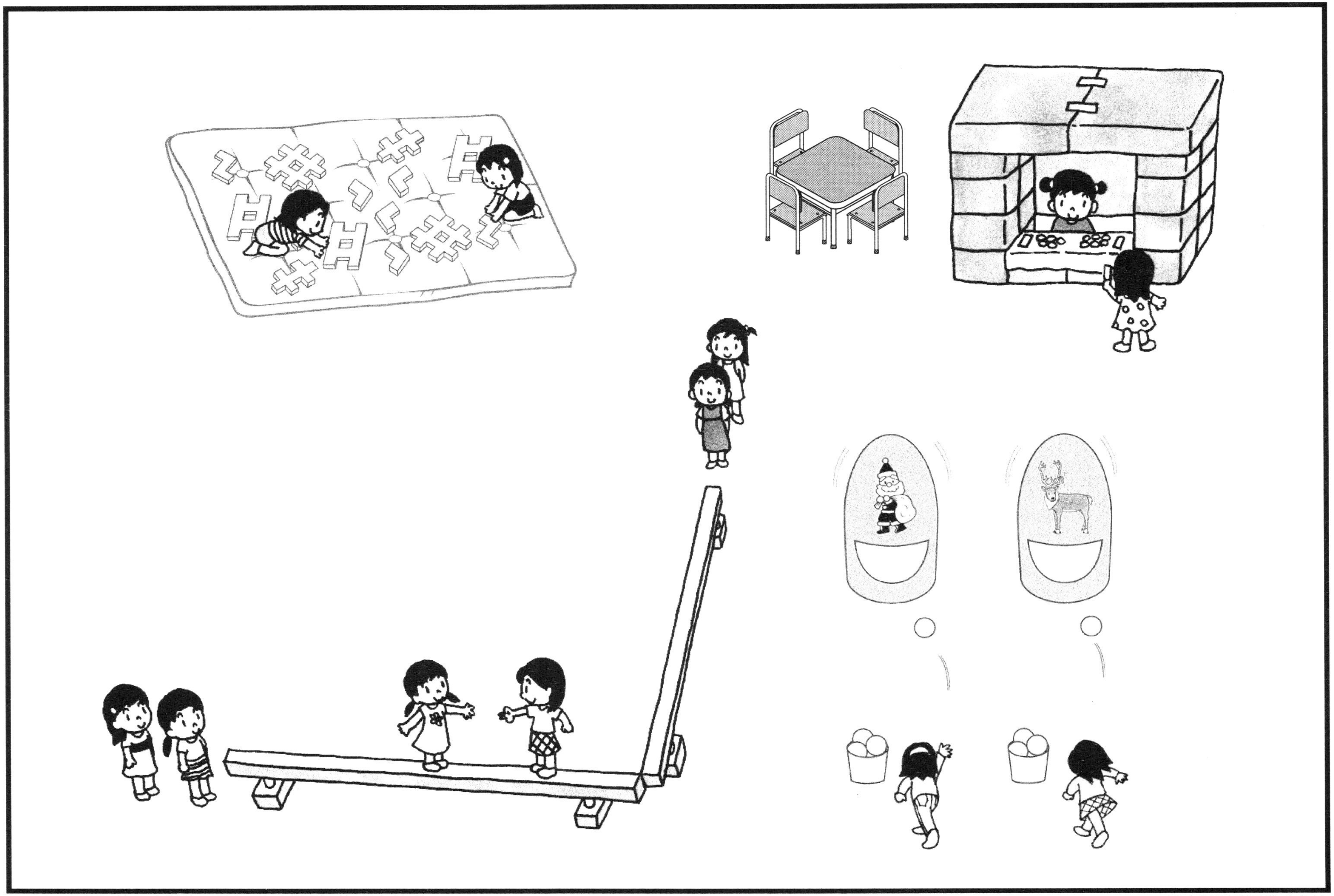

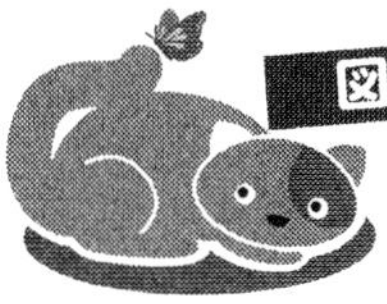

図書カード1000円分プレゼント

ご記入日　令和　　年　　月　　日

☆国・私立小学校受験アンケート☆

※可能な範囲でご記入下さい。選択肢は○で囲んで下さい。

〈小学校名〉＿＿＿＿＿＿＿＿＿＿＿＿＿　〈お子さまの性別〉男・女　〈誕生月〉＿＿月

〈その他の受験校〉（複数回答可）＿＿＿＿＿＿＿＿＿＿＿＿＿＿＿＿＿＿＿＿

〈受験日〉①：＿＿月＿＿日　〈時間〉＿＿時＿＿分　～　＿＿時＿＿分

②：＿＿月＿＿日　〈時間〉＿＿時＿＿分　～　＿＿時＿＿分

〈受験者数〉男女計＿＿名　（男子＿＿名　女子＿＿名）

〈お子さまの服装〉＿＿＿＿＿＿＿＿＿＿＿＿＿＿＿＿

〈入試全体の流れ〉（記入例）準備体操→行動観察→ペーパーテスト

＿＿＿＿＿＿＿＿＿＿＿＿＿＿＿＿＿＿＿＿＿＿＿＿

Eメールによる情報提供

日本学習図書では、Eメールでも入試情報を募集しております。
下記のアドレスに、アンケートの内容をご入力の上、メールをお送り下さい。

ojuken@nichigaku.jp

●行動観察　（例）好きなおもちゃで遊ぶ・グループで協力するゲームなど

〈実施日〉＿＿月＿＿日　〈時間〉＿＿時＿＿分　～　＿＿時＿＿分　〈着替え〉□有　□無

〈出題方法〉□肉声　□録音　□その他（　　　　　）　〈お手本〉□有　□無

〈試験形態〉□個別　□集団（　　　人程度）

〈内容〉

□自由遊び

＿＿＿＿＿＿＿＿＿＿＿＿＿＿＿＿＿＿＿＿

□グループ活動

＿＿＿＿＿＿＿＿＿＿＿＿＿＿＿＿＿＿＿＿

□その他

＿＿＿＿＿＿＿＿＿＿＿＿＿＿＿＿＿＿＿＿

〈会場図〉

●運動テスト（有・無）　（例）跳び箱・チームでの競争など

〈実施日〉＿＿月＿＿日　〈時間〉＿＿時＿＿分　～　＿＿時＿＿分　〈着替え〉□有　□無

〈出題方法〉□肉声　□録音　□その他（　　　　　）　〈お手本〉□有　□無

〈試験形態〉□個別　□集団（　　　人程度）

〈内容〉

□サーキット運動

□走り　□跳び箱　□平均台　□ゴム跳び

□マット運動　□ボール運動　□なわ跳び

□クマ歩き

□グループ活動＿＿＿＿＿＿＿＿＿＿＿＿＿＿＿＿

□その他＿＿＿＿＿＿＿＿＿＿＿＿＿＿＿＿＿＿

〈会場図〉

●知能テスト・口頭試問

〈実施日〉 ＿＿月＿＿日 〈時間〉 ＿＿時＿＿分 ～ ＿＿時＿＿分 〈お手本〉☐有 ☐無

〈出題方法〉 ☐肉声 ☐録音 ☐その他（　　　　　） 〈問題数〉 ＿＿枚 ＿＿問

分野	方法	内　容	詳　細・イ　ラ　ス　ト
（例） お話の記憶	☑筆記 ☐口頭	動物たちが待ち合わせをする話	（あらすじ） 動物たちが待ち合わせをした。最初にウサギさんが来た。次にイヌくんが、その次にネコさんが来た。最後にタヌキくんが来た。 （問題・イラスト） ３番目に来た動物は誰か 
お話の記憶	☐筆記 ☐口頭		（あらすじ） （問題・イラスト）
図形	☐筆記 ☐口頭		
言語	☐筆記 ☐口頭		
常識	☐筆記 ☐口頭		
数量	☐筆記 ☐口頭		
推理	☐筆記 ☐口頭		
その他	☐筆記 ☐口頭		

●制作　（例）ぬり絵・お絵かき・工作遊びなど

〈実施日〉＿＿月＿＿日　〈時間〉＿＿時＿＿分　～　＿＿時＿＿分

〈出題方法〉　□肉声　□録音　□その他（　　　　　　）〈お手本〉□有　□無

〈試験形態〉　□個別　□集団（　　　　人程度）

材料・道具	制作内容
□ハサミ □のり（□つぼ　□液体　□スティック） □セロハンテープ □鉛筆　□クレヨン（　色） □クーピーペン（　色） □サインペン（　色）□ □画用紙（□ A4　□ B4　□ A3 □その他：　　　　） □折り紙　□新聞紙　□粘土 □その他（　　　　）	□切る　□貼る　□塗る　□ちぎる　□結ぶ　□描く　□その他（　　　　） タイトル：＿＿＿＿＿＿＿＿＿＿

●面接

〈実施日〉＿＿月＿＿日　〈時間〉＿＿時＿＿分　～　＿＿時＿＿分〈面接担当者〉＿＿＿名

〈試験形態〉□志願者のみ（　　）名　□保護者のみ　□親子同時　□親子別々

〈質問内容〉

□志望動機　□お子さまの様子

□家庭の教育方針

□志望校についての知識・理解

□その他（　　　　　　　　　　）

（　詳　細　）

・

・

・

・

※試験会場の様子をご記入下さい。

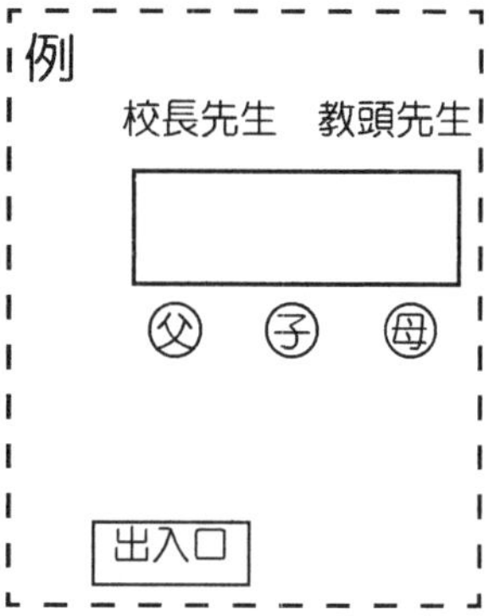

●保護者作文・アンケートの提出（有・無）

〈提出日〉　□面接直前　□出願時　□志願者考査中　□その他（　　　　　　）

〈下書き〉　□有　□無

〈アンケート内容〉

（記入例）当校を志望した理由はなんですか（150 字）

●説明会（□有　□無）〈開催日〉　　月　　日〈時間〉　　時　　分　～　　時　　分

〈上履き〉　□要　□不要　〈願書配布〉　□有　□無　〈校舎見学〉　□有　□無

〈ご感想〉

●参加された学校行事（複数回答可）

公開授業〈開催日〉　　月　　日〈時間〉　　時　　分　～　　時　　分

運動会など〈開催日〉　　月　　日〈時間〉　　時　　分　～　　時　　分

学習発表会・音楽会など〈開催日〉　　月　　日〈時間〉　　時　　分　～　　時　　分

〈ご感想〉

※是非参加したほうがよいと感じた行事について

●受験を終えてのご感想、今後受験される方へのアドバイス

※対策学習（重点的に学習しておいた方がよい分野）、当日準備しておいたほうがよい物など

＊＊＊＊＊＊＊＊＊＊＊＊＊　ご記入ありがとうございました　＊＊＊＊＊＊＊＊＊＊＊＊＊

必要事項をご記入の上、ポストにご投函ください。

なお、本アンケートの送付期限は入試終了後３ヶ月とさせていただきます。また、入試に関する情報の記入量が当社の基準に満たない場合、謝礼の送付ができないことがございます。あらかじめご了承ください。

ご住所：〒

お名前：　　　　　　　　メール：

ＴＥＬ：　　　　　　　　ＦＡＸ：

アンケートのご記入
ありがとうございました

ご記入頂いた個人に関する情報は、当社にて厳重に管理致します。弊社の個人情報取り扱いに関する詳細は、www.nichigaku.jp/policy.php の「個人情報の取り扱い」をご覧下さい。

分野別 小学入試練習帳 ジュニアウォッチャー

1．点・線図形	小学校入試で出題頻度の高い『点・線図形』の模写を、難易度の低いものから段階別に幅広く練習することができるように構成。
2．座標	図形の位置模写という作業を、難易度の低いものから段階別に練習できるように構成。
3．パズル	様々なパズルの問題を難易度の低いものから段階別に練習できるように構成。
4．同図形探し	小学校入試で出題頻度の高い、同図形選びの問題を繰り返し練習できるように構成。
5．回転・展開	図形などを回転、または展開したとき、形がどのように変化するかを学習し、理解を深められるように構成。
6．系列	数、図形などの様々な系列問題を、難易度の低いものから段階別に練習できるように構成。
7．迷路	迷路の問題を繰り返し練習できるように構成。
8．対称	対称に関する問題を４つのテーマに分類し、各テーマごとに問題を段階別に練習できるように構成。
9．合成	図形の合成に関する問題を、難易度の低いものから段階別に練習できるように構成。
10．四方からの観察	もの（立体）を様々な角度から見て、どのように見えるかを推理する問題を段階別に整理し、１つの形式で複数の問題を練習できるように構成。
11．いろいろな仲間	ものや動物、植物の共通点を見つけ、分類していく問題を中心に構成。
12．日常生活	日常生活における様々な問題を６つのテーマに分類し、各テーマごとに一つの問題形式で複数の問題を練習できるように構成。
13．時間の流れ	『時間』に着目し、様々なものごとは、時間が経過するとどのように変化するのかということを学習し、理解できるように構成。
14．数える	様々なものを『数える』ことから、数の多少の判定やかけ算、わり算の基礎までを練習できるように構成。
15．比較	比較に関する問題を５つのテーマ（数、高さ、長さ、量、重さ）に分類し、各テーマごとに問題を段階別に練習できるように構成。
16．積み木	数える対象を積み木に限定した問題集。
17．言葉の音遊び	言葉の音に関する問題を５つのテーマに分類し、各テーマごとに問題を段階別に練習できるように構成。
18．いろいろな言葉	表現力をより豊かにするいろいろな言葉として、擬態語や擬声語、同音異義語、反意語、数詞を取り上げた問題集。
19．お話の記憶	お話を聴いてその内容を記憶、理解し、設問に答える形式の問題集。
20．見る記憶・聴く記憶	「見て憶える」「聴いて憶える」という『記憶』分野に特化した問題集。
21．お話作り	いくつかの絵を元にしてお話を作る練習をして、想像力を養うことができるように構成。
22．想像画	描かれてある形や景色に好きな絵を描くことにより、想像力を養うことができるように構成。
23．切る・貼る・塗る	小学校入試で出題頻度の高い、はさみやのりなどを用いた巧緻性の問題を繰り返し練習できるように構成。
24・絵画	小学校入試で出題頻度の高い、お絵かきやぬり絵などクレヨンやクーピーペンを用いた巧緻性の問題を繰り返し練習できるように構成。
25．生活巧緻性	小学校入試で出題頻度の高い日常生活の様々な場面における巧緻性の問題集。
26．文字・数字	ひらがなの清音、濁音、拗音、拗長音、促音と１～20までの数字に焦点を絞り、練習できるように構成。
27．理科	小学校入試で出題頻度が高くなりつつある理科の問題を集めた問題集。
28．運動	出題頻度の高い運動問題を種目別に分けて構成。
29．行動観察	項目ごとに問題提起をし、「このような時はどうか、あるいはどう対処するのか」の観点から問いかける形式の問題集。
30．生活習慣	学校から家庭に提起された問題と思って、一問一問絵を見ながら話し合い、考える形式の問題集。
31．推理思考	数、量、言語、常識（含理科、一般）など、諸々のジャンルから問題を構成し、近年の小学校入試問題傾向に沿って構成。
32．ブラックボックス	箱や筒の中を通ると、どのようなお約束でどのように変化するかを推理・思考する問題集。
33．シーソー	重さの違うものをシーソーに乗せた時どちらに傾くのか、またどうすればシーソーは釣り合うのかを思考する基礎的な問題集。
34．季節	様々な行事や植物などを季節別に分類できるように知識をつける問題集。
35．重ね図形	小学校入試で頻繁に出題されている「図形を重ね合わせてできる形」についての問題を集めました。
36．同数発見	様々な物を数え「同じ数」を発見し、数の多少の判断や数の認識の基礎を学べるように構成した問題集。
37．選んで数える	数の学習の基本となる、いろいろなものの数を正しく数える学習を行う問題集。
38．たし算・ひき算１	数字を使わず、たし算とひき算の基礎を身につけるための問題集。
39．たし算・ひき算２	数字を使わず、たし算とひき算の基礎を身につけるための問題集。
40．数を分ける	数を等しく分ける問題です。等しく分けたときに余りが出るものもあります。
41．数の構成	ある数がどのような数で構成されているか学んでいきます。
42．一対多の対応	一対一の対応から、一対多の対応まで、かけ算の考え方の基礎学習を行います。
43．数のやりとり	あげたり、もらったり、数の変化をしっかりと学びます。
44．見えない数	指定された条件から数を導き出します。
45．図形分割	図形の分割に関する問題集。パズルや合成の分野にも通じる様々な問題を集めました。
46．回転図形	「回転図形」に関する問題集。やさしい問題から始め、いくつかの代表的なパターンから、段階を踏んで学習できるよう編集されています。
47．座標の移動	「マス目の指示通りに移動する問題」と「指示された数だけ移動する問題」を収録。
48．鏡図形	鏡で左右反転させた時の見え方を考えます。平面図形から立体図形、文字、絵まで。
49．しりとり	すべての学習の基礎となる「言葉」を学ぶこと、特に「語彙」を増やすことに重点をおき、さまざまなタイプの「しりとり」問題を集めました。
50．観覧車	観覧車やメリーゴーラウンドなどを舞台にした「回転系列」の問題集。「推理思考」分野の問題ですが、要素として「図形」や「数量」も含みます。
51．運筆①	鉛筆の持ち方を学び、点線なぞり、お手本を見ながらの模写で、線を引く練習をします。
52．運筆②	運筆①からさらに発展し、「欠所補完」や「迷路」などを楽しみながら、より複雑な鉛筆運びを習得することを目指します。
53．四方からの観察 積み木編	積み木を使用した「四方からの観察」に関する問題を練習できるように構成。
54．図形の構成	見本の図形がどのような部分によって形づくられているかを考えます。
55．理科②	理科的知識に関する問題を集中して練習する「常識」分野の問題集。
56．マナーとルール	道路や駅、公共の場でのマナー、安全や衛生に関する常識を学べるように構成。
57．置き換え	さまざまな具体的・抽象的事象を記号で表す「置き換え」の問題を扱います。
58．比較②	長さ・高さ・体積・数などを数学的な知識を使わず、論理的に推測する「比較」の問題を練習できるように構成。
59．欠所補完	線と線のつながり、欠けた絵に当てはまるものなどを求める「欠所補完」に取り組める問題集です。
60．言葉の音（おん）	しりとり、決まった順番の音をつなげるなど、「言葉の音」に関する問題に取り組める練習問題集です。

『読み聞かせ』×『質問』=『聞く力』

お話の記憶の練習に最適

1話5分の 読み聞かせお話集①②

「アラビアン・ナイト」「アンデルセン童話」「イソップ寓話」「グリム童話」、日本や各国の民話、昔話、偉人伝の中から、教育的な物語や、過去に小学校入試でも出題された有名なお話を中心に掲載。お話ごとに、内容に関連したお子さまへの質問も掲載しています。「読み聞かせ」を通して、お子さまの『聞く力』を伸ばすことを目指します。

①巻・②巻　各48話

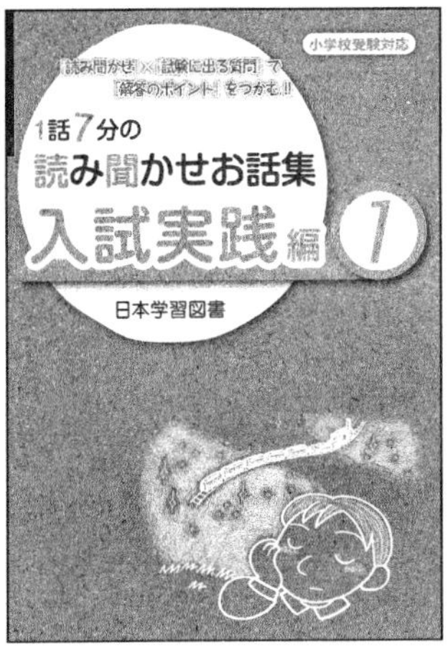

1話7分の読み聞かせお話集 入試実践編①

国立・私立 小学校受験 対応

最長1,700文字の長文のお話を掲載。有名でない=「聞いたことのない」お話を聞くことで、『集中力』のアップを目指します。設問も、実際の試験を意識した設問としています。ペーパーテスト実施校の多くが「お話の記憶」の問題を出題します。毎日の「読み聞かせ」と「試験に出る質問」で、「解答のポイント」をつかんで臨みましょう！

50話収録

ニチガクの この5冊で受験準備も万全！

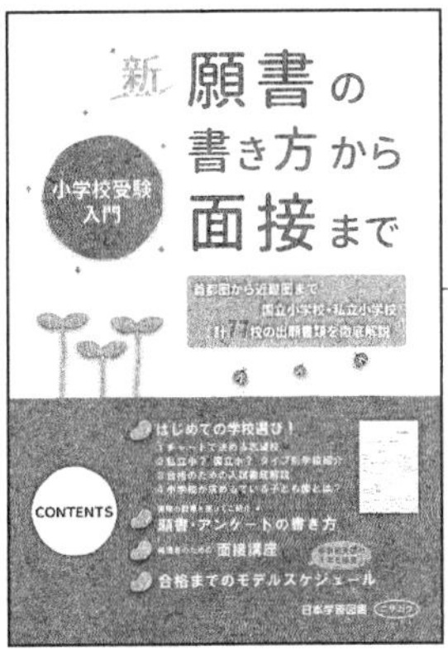

小学校受験入門 願書の書き方から面接まで リニューアル版

主要私立・国立小学校の願書・面接内容を中心に、学校選びや入試の分野傾向、服装コーディネート、持ち物リストなども網羅し、受験準備全体をサポートします。

小学校受験で 知っておくべき 125のこと

小学校受験の基本から怪しい「ウワサ」まで、保護者の方々からの125の質問にていねいに解答。目からウロコのお受験本。

新　小学校受験の 入試面接Q&A リニューアル版

過去十数年に遡り、面接での質問内容を網羅。小学校別、父親・母親・志願者別、さらに学校のこと・志望動機・お子さまについてなど分野ごとに模範解答例やアドバイスを掲載。

新　願書・アンケート 文例集500 リニューアル版

有名私立小、難関国立小の願書やアンケートに記入するための適切な文例を、質問の項目別に収録。合格を掴むためのヒントが満載！願書を書く前に、ぜひ一度お読みください。

小学校受験に関する 保護者の悩みQ&A

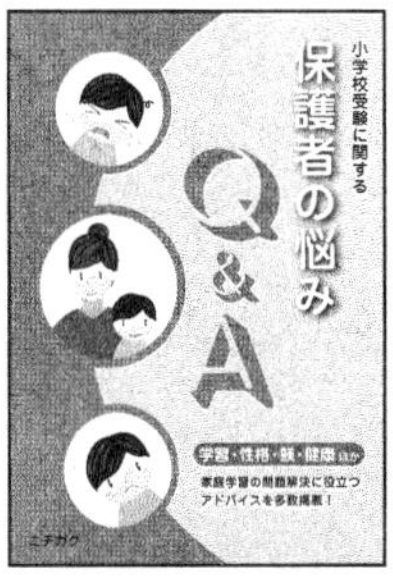

保護者の方約1,000人に、学習・生活・躾に関する悩みや問題を取材。その中から厳選した200例以上の悩みに、「ふだんの生活」と「入試直前」のアドバイス2本立てで悩みを解決。

日本学習図書株式会社

家庭学習をトータルサポート！ ニチガクのオリジナル 効果的 学習法

1 まずは アドバイスページを読む！

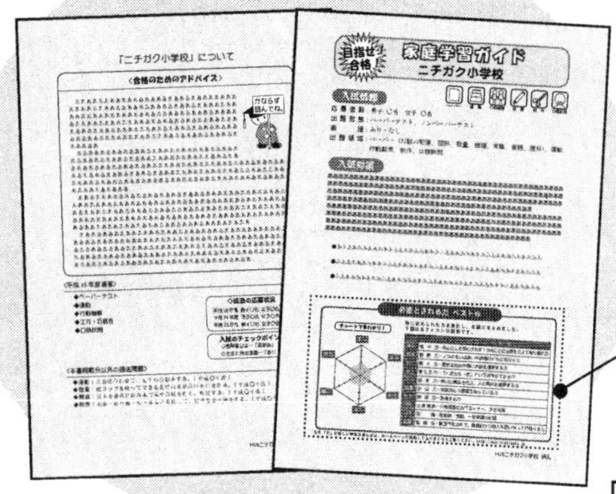

ピンク色です

対策や試験ポイントがぎっしりつまった「家庭学習ガイド」。分析内容やレーダーチャート、分野アイコンで、試験の傾向をおさえよう！

過去問のこだわり

各問題に求められる「力」

分野だけでなく、各問題の求められる「力」をアイコンで表記！アドバイスページの分析レーダーチャートで力のバランスも把握できる！

各問題のジャンル

問題3 分野：図形（パズル） 集中 観察

〈準 備〉 あらかじめ問題3-1の絵を線に沿って切り離しておく。

〈問 題〉 （切り離したパズルと問題3-2の絵を渡す）ここに9枚のパズルがあります。この中からパズルを6枚選んで絵を作ってください。絵ができたら、使わなかったパズルを教えてください。

出題年度

〈時 間〉 1分

〈解 答〉 省略

[2018年度出題]

学習のポイント

用意されたパズルを使って絵を作り、その際に使用しなかったパズルを答える問題です。パズルのつながりを見つける図形認識の力と、指示を聞き逃さない注意力が要求されています。パズルを作る際には、全体を見渡してある程度の完成予想図を思い浮かべることと、特定の部品に注目して、ほかとのつながりを見つけることを意識して練習をすると良いでしょう。図形を認識し、完成図を予想する力は、いきなり頭に浮かぶものではなく、何度も同種の問題を解くことでイメージできるようになるものです。日常の練習の際にも、パズルが上手くできた時に、「どのように考えたの」と聞いてみて、考え方を言葉で確認する習慣をつけていくようにしてください。

【おすすめ問題集】
Ｊｒ・ウォッチャー３「パズル」、59「欠所補完」

2 問題を全て読み、出題傾向を把握する

3 「学習のポイント」で学校側の観点や問題の解説を熟読

4 初めて過去問題にチャレンジ！

5 プラスα 対策問題集や類題で力を付ける

学習のポイント

各問題の解説や学校の観点、指導のポイントなどを教えます。
保護者の方が今日から家庭学習の先生に！

おすすめ対策問題集

分野ごとに対策問題集をご紹介。苦手分野の克服に最適です！

＊巻頭には専用注文書付き。

2021年度版 東京学芸大学附属竹早小学校 過去問題集

発行日 2020年9月5日
発行所 〒162-0821 東京都新宿区津久戸町 3-11
TH1ビル飯田橋 9F 日本学習図書株式会社
電 話 03-5261-8951 ㈹

ISBN978-4-7761-5299-6

C6037 ¥2000E

9784776152996

定価 本体2,000円＋税

1926037020004